パリのおうち時間

変わらないこと、変わったこと。
私が大切にしていること。

中村江里子

Eriko Barthes

Home
Sweet Home
à Paris

扶桑社

はじめに

まずは、この本を手に取ってくださった皆さまに、心よりお礼を申し上げます。ありがとうございます。皆さま、お元気ですか？　ご家族、周りの方々、お変わりありませんか？　新型コロナウイルスのもとでの生活、長いですね……。もう1年以上、これまで当たり前にできていたことができなくなり、〝当たり前〟が続く日常が、じつは〝当たり前〟ではなかったのだと気づかされました。

7年前、2014年に創刊した『セゾン・ド・エリコ』。これまで、3月と10月の年2回の発行をしてきましたが、2021年の3月号は、この状況下で延期に。タイトルの通り、このムックは私のパーソナルマガジンです。とはいえ、私の独りよがりの内容では成り立ちません。毎号、日仏の少数精鋭の優秀&素敵なスタッフの強力なサポートで、永久保存版となるようなていねいな取材記事で構成しています。

世の中は情報の速さを競い合い、目の前に溢れた情報量に時には息苦しくなるくらい。だから、あえて速さではなく、不変のものや確固たる信念、そういうものを大切に取材をし、私自身に関しては、〝素〟の発展途上の自分をそのままに出しています。52歳なのに、まだ発展途上？　って思われるかもしれません。でも20代の頃から、女性が輝くのは50歳から！　そう信じて、そこに向けて土台作りをしてきた私にとっては、52歳はようやく土台の上に外壁を作り始めた感じ。まだ、人が住めない家です。だから、日々、焦ったりもがいたりしながら、外壁を作る作業をしています。〝素〟の自分が出ている『セゾン・ド・エリコ』を作るたびに、新しい自分を見つけ、反省したり、「なかなかいいじゃない！」って、自分を褒めてみたり……（笑）。

さて、今回の単行本『パリのおうち時間』の中では、これまで『セゾン・ド・エリコ』で撮影してきた写真を使用しています。毎号、必ず登場する私のファミリー。7年って、すごいですね！　子どもたちの成長の写真を見て、1人うるうるしています。

子どもが小さい時は体力的な大変さもありましたが、それでもかわいくて、時間がこのまま止まってくれたらいいのにと、毎日思っていたくらいです。

この1年は、家族で密に過ごす時間が増えた日々でした。夫は結婚当初から、月の半分はパリを離れている生活。「だからうまくいっているんじゃない？」なんてお互いに言い合ったりするくらい、離れている時間が多くありました。でも出張はなくなり、パリの街はロックダウンで、家の中で朝から晩まで一緒に過ごすことに。

正直『大丈夫かな』って思いましたよ（笑）。それが、思いのほか穏やかに過ごせてびっくり！　家族それぞれの努力が心地よい時間を生み出しているようです。

家族といえども、それぞれキャラクターが違います。今までは外の時間があるから内の時間を充実させることができていました。その逆もあります。緊張やよくわからないものに対する恐怖や、強い規制など、心を強く持たなければならない状況の中、私自身は「こんなに私ってダメな人間だったんだ」と、自分の情けなさを思ったこともありました。

ただ、唯一私が意識をし、今でも変わらず続けていることは、「穏やかな気持ちでいること」。何もやる気がしなくて、家事と食事を作るのが精一杯。何だか朝からつねに眠たくて、体が思うように動かない。それでも、とにかく〝穏やか〟に。夫や子どもたちがイライラしても、「大丈夫だから！」って笑って言う。何があっても、静かな口調で話をする。「頑張っているね」って声を掛ける。

すべての人にとって大切な1年という時間が、多くの規制の中で過ぎていきました。でも、抜け出せる日を心待ちにしながら、さて、今の自分には何ができるかな？そう考えながら、毎日をていねいに過ごしたいと思っています。この1年で、「絶対に私はやらない」って宣言していたインスタグラムを始めました（笑）。

そう、新しいことも始まっているのです。

こうした日々の中、今の思いを綴ったり、これまでの原稿に手を入れたりしました。以前の写真を見ていると、『あっ、暖炉の色が違っている！』とか、『クローゼットはこんなだったのね』など、懐かしさとともに、7年という時の流れもしみじみと感じています。でも、私たち家族の基本は変わっていないと思います。

皆さまが、ほっとしたいひと時に……。ページをめくっていただけたら幸いです。

心から感謝の気持ちを込めて。

春のパリにて

中村江里子

もくじ

sommaire

写真
武田正彦（Paris）下記以外すべて
横田安弘（Paris）（P.9,12,52,53,54,56,57,58,59,64）
中村江里子（P.60 ～ 63）

ブックデザイン
アルビレオ

撮影協力
栗原登志恵
岸本真奈美（Paris）
御幸 剛（Paris）

取材協力
鈴木春恵（Paris）

編集協力
髙場実乃

編集
坂口明子（扶桑社）

Vie de famille à Paris

Chapitre 1

家族とパリの時間

2014年。10歳、7歳、4歳。創刊時の子どもたちです

私のライフスタイルムック『セゾン・ド・エリコ』を創刊したのは、
長女のナツエが10歳になった年でした。
子どもたちも本もすくすくと育っています。

子どもたちを夫とお迎えに行った帰りに公園へ。お天気のいい日は、
学校が終わるとお日さまのもと元気に遊ぶのがみんなの楽しみ!

どの年齢でも今が一番かわいい!
そう思います

東京の昔からのなかよしの友人が言います。
「あなたがママでいることをこんなに楽しむ人だとは
思わなかった」と。自分でも驚きです。

しっかり者だけど、ちょっとわがまま。じつは一番甘えっ子の長女。
芯の強さと繊細さを併せ持つ長男。
あだ名は「怪獣ちゃん」! でも、引くところと押すところを心得た大人な次女。

左／抱っこすると、まだ足がぶらぶらしていた頃のタカエ。私には永遠のべべ（赤ちゃん）。

下／長男のフェルディノンは歴史書好き。レゴで自分の想像する街を作るのも好き！

左／タカエが幼稚園で作った貼り絵。家族が川の字で寝ている様子だそう。

右／フェルディノンのプレゼント。手作りカード、ナプキン、ナプキンリングに指輪です。

キッチンに飾っている、ナツエからのプレゼントの色紙。日本語の読み書き、そして英語と中国語の勉強が始まった頃のものです。

小さな仲間たちは子どもたちの大切な先生です

家族揃って動物好き。小さな仲間たちはメンバーは変わりつつも、愛情をもらう喜び、与える喜び、命の尊さを教えてくれています。

女の子かと思ったら、男の子だったハムスターのハムくん。
語りかけは、つい赤ちゃん言葉になるかわいさでした。

天国に行ったカナリアもいますが、今は5羽。1羽はわが家で生まれました!

わりと長生きした金魚も、今はもういません。メンバーは変わりつつも、いつも動物たちと一緒です。

アパルトマンの中庭で飼っているめんどり。今は1羽になりました。産みたての卵は子どもたちにオムレツやいり卵にして食べさせることも。

右／愛犬の初代ピュイックとカフェでひと休み。お店では、お願いすれば犬用のお水もごく自然に出してくれます。
下／夫とは毎朝一緒に出勤して、会議やビジネスランチにも同席。オフィスのマスコットです。

飼ってから、じつは私、猫の毛アレルギーだと判明。でもかわいくて、もはやメロメロ！

左／夫の出張中はずっとうちに。2代目ピュイックは甘えん坊の女の子。かまってほしいオーラ全開です。
右／息子となかよくお昼寝中。子どもの友達も一緒に、みんなでお散歩に行くことも。

甘えん坊のピュイックとお気に入りのぬいぐるみ。マイペースの愛猫オネコも、私にベッタリの甘えん坊。

バルト家、夏の風物詩。ホームパーティ

フランスでは自宅に人を招くのは自然なこと。わが家でもよくディナーをしますが、ここ数年、恒例となっているのが、夏の長いヴァカンス前に大好きな人たちを大勢招いてするホームパーティです。

まずは
サロン（居間）で
アペリティフを

人と人とを結び付けるきっかけになればということを一番に考えています。お客さまがいい意味で好き勝手に楽しんでくださった結果、みんながハッピーになれたら大成功!

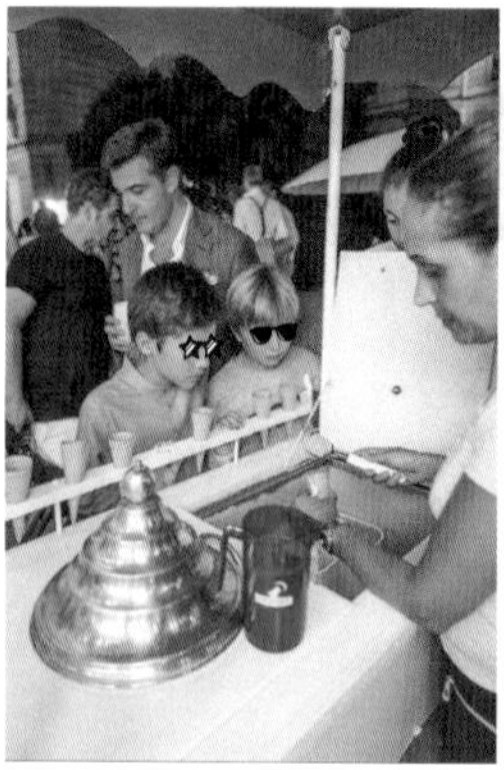

左／アイスクリームの屋台は子どもたちに大人気!
右／総勢100人以上のお客さまと過ごす1年で一番長い日。

アパルトマンの
中庭で念願の
屋外パーティ

ワインとおしゃべり、月明かりの中で真夜中まで続くディナー!

左／飲み物&食べ物、食器もテーブルも椅子もぜーんぶ持参。
右／延々と続きますが、24時ぴったりの終了がお約束です。

大人のサプライズ・イベント「ホワイトディナー」

パリの街がもっとも美しいといわれる6月、突如現れる大勢の全身白の装いの人たち。パリ市内の公共の場（屋外）で開催される、ドレスコード白の野外ディナーです。行き先は直前まで参加者たちには秘密。

初めての時は驚きましたが、今では毎夏の楽しみの一つです。

2021年。3人は 17歳、14歳、11歳になります

長女は今年の秋には高校3年生。長男は中学4年生、
次女は中学1年生に。上の2人は私の身長（169cm）を超え、
次女に抜かされる日も近そう……。

毎年、暮れには知り合いのカメラマンさんにファミリーフォトを撮っていただいています。
写真で新年のご挨拶状を作っているのですが、今年の1枚がこちら。
わが家の大切な記録です。

Chapitre
1

家族とパリの時間

国際結婚。わが家の場合

夫とは、東京のホテルのエレベーターで乗り合わせたのが最初の出会い。彼は195センチの身長で、当時はかなり明るいブロンドでふわふわの髪、そして薄いピンクのスーツ姿。「大きな天使みたいな人がいるな」というのが、私の第一印象でした。

ドタキャンを繰り返した約束とサプライズのプレゼント

夫のバルトさんが仕事の関係で、日本で暮らすことになって、数か月後に知人のパーティで偶然再会。上手に電話番号を聞き出されて食事の約束をしたものの、仕事が忙しかった私はドタキャンの繰り返し。

『なんて失礼な女だ』と思ったようですが、それでも懲りずに電話をくれた時、私は遅めの夏休みでパリに行く予定にしていました。「では、パリから戻ってきたら会いましょう」と電話は終わったのですが、パリの宿泊先のプチホテルに花が送られてきたのです。共通の友人のつてでそこを探り当てて。
　しかもその滞在中、友人と行った靴屋さんで気に入った1足を包装してもらってい
たら、お店の人が「これはムッシュー・バルトからのプレゼントです」と。じつはそ
こは当時、夫の会社が関わっていたお店で、東京から遠隔的にプレゼントを計画して
いたらしく、しかも私が選んだ靴は、偶然、彼が意図していたものと同じ。パリから
お礼の電話をして、食事の約束をし、何度かの食事の後にお付き合いが始まりました。

　あれから20年余。環境はすっかり変わりましたけれど、お互いに隠しごとをせず、
本音で付き合っていたので、基本的な部分では何も変わっていない気がします。とは
いえ、生活習慣や風習の違いから、意見の相違が激しく険悪になることも。「もうダ
メかも。これで終わり」と思ったことも。
　でも、夫のすごいところは、けんかをしても次の瞬間忘れること。いつも怒り続け
ているのは私で、彼は私がなぜ怒っているのかがわからない。普通に話しかけてくる
ので、「すっごい怒っているんだけど……」と答えるそばから、私も思わず笑ってし
まう。だから、そこでけんかは終わり。昔から、彼はとってもポジティブで絶対にソ

リューション（解決策）があると思う人でもあります。

フランス人の夫は、日本では結婚して子どもができると、彼女はママ、彼はパパと呼び名が変わるのが最初は理解できなかったそうです。夫が妻を「ママ」と呼ぶようになったら、ほかに〝女性〟を探さなくてはいけないと思うとも。

ですから、ともすれば、どっぷりママになりがちな私を、時に夫婦2人だけの旅に連れ出してくれたりもします。予定を告げると、私が子どものことを気にして絶対に「ウイ《はい》」と言わないのがわかっているので、直前まで秘密にして断れない状況に追い込んで連れて行くのです（笑）。彼のこんなアクティブさとスーパーポジティブなところは私とは正反対。だから、私たちうまくいっているのかなと思います。


夫は日本から、そして実家からも友人からも離れてパリに住む私に、いつも感謝の気持ちを伝えてくれます。「ありがとう」って。フランス人の妻だったら、きっと、ぱっぱと手際よくやるんだろうなということができなくても、サポートしてもくれます。

この先の私たちのことはわかりません。普段の会話だって、かみ合っていないことがありますから（涙）。でも今のところ、この国際結婚、よかったかなと思っています。

結婚願望が強くなかった私の子育て

もともと、結婚願望はあまり強くないほうでしたし、子どもはいつか産めたらいいな、くらいにしか思っていなかったのですが、今では「あなたがママでいることをこんなに楽しむ人だとは思わなかった」と、東京のなかよしの友人は言います。

赤ちゃんの時からずっと子育てが楽しくて……

おむつを替えるのも、母乳をあげるのも楽しくて、育児書は一切読まず、みんなが大変と言っている時期に、すごく楽しいと思っていました。私の場合、もしも情報がたくさんあったとしたら、「うちの子はそうじゃないけれど、どうしよう」と、ストレスの原因をたくさん作ることになってしまったと思うんです。

ここ何年かパリでテロ事件や大規模なデモ事件が起きた際も、必要以上の情報は一切入れない。入れすぎるとパニックになって一歩も外に出られなくなってしまうから。

これはすべてのことにおいてそうですが、最初から何かをイメージすることなく、そこにあるがままを自然に受け入れるようにしています。

また、普通逆よ、って言われるのですが、人数が増えるにしたがって子育てがよりていねいになってきているというか、経験を生かしたていねいさが加わってきたかと。生後1年半くらいまでは、何時に起きて何時に授乳、左胸何分、右胸何分、何時何分に何をしてというように、全部手帳に記録していました。自分の記録として、3人全員に同じように。自分の日記だったら3日で終わってしまうんですけれどもね。

「子育てが3倍になっている。だからあなたは自身の時間がない」と夫には言われますが、そこを3分の1ずつにはできないんです。この子にこれをしたら、この子にもしなくてはと思うし、さらに上の子の経験を下の子に重ねる。しかも子育ての時期って案外短いということがわかったので、よりていねいに向き合いたいのです。

授乳をしていた時も、抱っこをすると足がぶらぶらしていた時期も、手をつないで学校に向かう時間も、ショッピングを一緒に楽しめるようになってからも、どの年齢でも「今が一番かわいい！」、いつもそう言いながら、ずっとこれまできました。

3人ともがティーンになった今、さらにまた面白く楽しくなってきています。

3人きょうだい

子どもは3人ですが、私自身も3人きょうだいの長女として生まれました。1歳半違いの妹のところも5歳違いの弟のところも、子どもは3人です。順番は違いますが、みんな男の子と女の子がいてなんだか楽しい！

いとこ同士は年が近いのでなかよしで、おじおば、いとこと、12人それぞれが、それぞれに顔が似ているところ、性格が似ているところを感じる瞬間があってうれしくなります。

それぞれ個性豊かな子どもたち

わが家の長女のナツエは顔と体形が違うだけで、子どもの頃の私にそっくり。ちょっとわがままな感じとか、長女だけれどじつは一番甘えっ子で、服が好きで友達が大好き。大人がいるとなぜか妙にカッコつけちゃったり、ちょっと乱暴な言葉を使ってみたりするところも。

彼女を見ていると、「うちの両親もきっと大変だったんだろうな」と思うくらい、私とよく似ています。だから「わかるよ。あなたがそう思うのも、やりたいと思うのもすごくよくわかる。私も同じことをしていたから。わかるけどね……」と、頭から否定するよりは、同じ目線で話ができるようになってきているかもしれません。

一方で、小さい頃から夫と私がいない時には、周りの人たちが驚くくらい下の2人の面倒をきちんと見るという面もあって、頼んだことは全部やってくれる。逆にこちらが頼りすぎることもあるので、ちゃんと甘えさせてあげないと、と思ったりも。

「今まで会った子どもの中で、ちびっ子ギャングトップスリーに入るよ」と小さい頃のナツエを見て言った友人がいましたが、タカエに比べると、ナツエはまだおとなしかったと思います。

次女のタカエは人前に出ると、急にベタベタして甘えん坊を装ったりしますが、昔から泣かないし、面白いし、彼女を撮ったビデオはどれも笑っちゃうものばかり。1人でも遊べる子です。3人の中で末っ子の彼女が一番大人かもしれないと感じるのは、引くところと押すところを心得ているところ。

普通、子どもって、「これをやっちゃだめ」と言うとごねたりするものですが、タカエは私が2度ダメと言うと「OK, d'accord《ダコー》（＝わかった）」と。さっさと引く。ナツエだったら、そこでもっとごねる。そして、息子のフェルディノンの場合は最初から「ハイ」。

フランス人の血？　それともうちの子だから!?

長男のフェルディノンはサービス精神が旺盛で社交的です。エンターテインメントの世界に興味があって、学校でも、大人を相手にしても楽しませようとする子です。パリオリンピックは無理でも、2028年のロサンゼルスオリンピックなら間に合うかなと水泳に夢中で、飛行機や船、車や家などリュクスなものを見たりするのも好きです。予定を立ててコツコツと自分で勉強をするタイプなので、ロックダウンでリモート授業や自習が続いた時には、普段よりもよく勉強をしたと言っていました。

3人の子どもたちを日本に連れて行くと、毎回ちょっとドキドキします。元気がよくて、うれしかったらうれしいというリアクションがものすごくはっきりしている。体全体で、喜びもうれしさも〝ありがとう〟も表現している感じです。逆に、それは嫌だということもきちんと主張します。

日本のお子さんたちを見ていると、とてもお行儀がいいので、正直に顔に出したりすることが、日本ではどうとられるかと心配になることがあるのです。

私もある意味頑固だから、揺るがないというのはいいのですが、「イエス」はともかく、「ノー」をもうちょっとぼかして優しく言えないものかと……。子どもたちの「イエス」「ノー」がはっきりしているのは、やはり夫の血。自分の主張が強いのです。

そして3人とも今から結婚願望が強くて、早く結婚して子どもがたくさん欲しいという話をしょっちゅうしています。私がそこに混じると、「1人6人ずつ産んだら、ママには孫が18人」「え～！」ってそんな感じです。

結婚願望が強いのと同時に弟や妹をすごく欲しがる。赤ちゃんを見ると、みんな「かわいい、かわいい！」って面倒を見ます。これは私の勝手な思い込みなのですが、こうやって家族一緒にいることが好きでハッピーだと思ってくれているから、自分たちもそうありたいと望むのかな、と。もしそうだとしたら、とてもうれしいことです。

Photo page ≫ 10,11

バルトさんのごま健康法

わが家のキッチンには、夫が集めた〝種もの〟〝実もの〟でいっぱいの引き出しがあります。子どもには「鳥のごはんみたい」と言われつつも、サラダ、ヨーグルトはもちろん、これはいけそうと思う食事に彼はたっぷりふりかけていただくのです。

いい年を重ねるために。体によいものを毎日おいしく

引き出しの中身はごま、けしの実、麻の実、かぼちゃの種にアーモンドなどなど。種実には、良質の油分や各種ビタミン、タンパク質、ミネラル、食物繊維などが多く含まれていて、美肌のためや生活習慣病や老化の防止にいいといわれますが、夫は健康法の一つとして、積極的に食事に取り入れています。

調達は、彼が自分でビオ（有機栽培）のものを扱うサイトから取り寄せたり、旅先での彼の楽しみであるマルシェ巡りで。ビオのサイトは夫の友人のシェフのレストラ

ンで、ごまを使ったお料理がおいしくて、その彼に教えてもらったもの。また、イランを旅した時には現地のマルシェでアーモンドやヘーゼルナッツを買っていました。種実はフライパンでよく炒って、冷ましてから袋に戻して保存。もちろん、夫がすべて自分でしています。使った調理器具はそのままですが（笑）。

彼が言うには、「よく炒っておくと香りも味も際立つし、かなり日持ちもする。体にいい上に歯ごたえがよくておいしい。種実はすべての徳を備えた食べ物だね」と。炒り方にもコツがあるようで、フライパンを揺すりながら、少し煙が出るくらい、焦げて黒くなる直前の見極めが大事だそうです。

夫の朝のヨーグルトは、まずはさまざまな種実をたっぷりとかけます。そこにフランスで一番の作り手といわれる生産者のはちみつを。あのアラン・デュカスさんも使っているはちみつだとか。全部をよーくかき混ぜていただくと、プレーンで食べるよりもテクスチャーも味も充実した食べ応え満点のヨーグルトになるのだそう。「日本人は体にいいから食べる。でも、フランス人はさらにおいしくないといけないね」。〝フランス人〟の夫の言葉に、なるほどなあと思わされました。

家族への贈り物

私には、記念日に必ずプレゼントがなくては、という執着がそれほどありません。長く大切にしてほしいから、家族に心から喜んでもらえるものを無理せず、時間をかけてじっくりと選んで贈りたいと思っています。

時をかけて選んだものはエピソードとともに思い出に

誕生日や結婚記念日、記念日にもいろいろありますが、ケーキや花を囲んでお祝いの言葉を交わすことはしても、その日に必ずプレゼントを贈ることがわが家ではマストではありません。

「今度のお誕生日に何が欲しい？」と子どもたちに尋ねて、「パジャマパーティのお誕生日会をしてくれたら、それでいい」という答えが返ってくることもあれば、私から「気に入ったものが見つかるまで探させてね」と言うこともあります。

ある年の誕生日のプレゼントに長男がリクエストした帽子は、数か月かけて探して、やっと「これ!」というものに出合いました。次女の5歳の誕生日に贈った、遊びながら文字が学べるアップリケのカレンダー。曜日や月日、持ち物、その日の気分などを貼っていくものですが、とうに文字を覚えた10歳の今も彼女のお気に入りです。

結婚当初、愛煙家だった夫には、螺鈿《らでん》細工のシガーケースを贈ったことも。タバコをやめた今は、このケースは毎週日曜日に教会に行く時に、彼が子どもたちにあげている飴入れとして、いつも大切に置かれています。

そして、結婚指輪とともに、いつも私の左手の薬指を飾ってくれている指輪は、婚約式をしなかった私たち夫婦がせめてもの記念にと思って誂えたものです。しまい込まずに、どんなものにも合わせられて、いつも使えるデザインをと2人で考えて、アールデコ風のものを、親しいジュエリーデザイナーの方にお願いしました。

この指輪。じつはまず、私が支払いをして結婚式になんとか間に合わせ、そのあとで夫が毎月私に返済する形でプレゼントしてくれたものでした。

今となっては、そんなエピソードを彼も私も笑いながら皆さんに話せるくらいのいい思い出。間に合わせではなく、納得して決めてよかったと思うものばかりです。

バルト家流、男の子の育て方

子どもたちには、将来一番信頼できる仲間がきょうだいだから、なかよくいてほしい。たぶん、長女も次女もフェルディノンを頼るようになる。きっと彼が2人を守っていく存在になると、いつも話しています。

肉体的にも精神的にも背骨、骨格をきちんと育てる

妹を守ろうという息子の気持ちは、すでにとても強いと思います。帰国時に実家の近所で変質者情報が出たことがあります。その時、息子は、「ママ、タカエを1人で歩かせたら絶対にダメ！　必ず迎えに行って」と私に訴えたくらいです。

もちろん、男女平等が前提ですが、女性の荷物を持ってあげたり、扉を開けたり、飲み物を注ぐのを自然にできるようになってほしいと思います。そういうことは母親が伝えるのも大事かもしれませんが、パパを見て学ぶことが多いはず。当のパパは言

います。

「フェルディノンはしっかりとしたパーソナリティの持ち主。日本人的な勤勉で真面目な面と、女性を気遣ってエスコートできるフランス的な優しさの両方を持っているよ。自分の子ながら出来すぎなんじゃないか（笑）。誇りに感じるよ」と。

夫の持論は、子育てで大事なのは肉体的にも精神的にも背骨、骨格をきちんと育てること。そして、人生の価値をしっかりと子どもに伝えていくことだそうです。彼自身がそうなのですが、文学や音楽を愛する心を大切にしてほしいという話もよくしています。

男子2人で散歩に出掛けることもあるのですが、夫が言うには道を歩いていて興味を惹かれるもの、美しいと思うものが自分と似ているのだとか……。

勉強や水泳に対する自分の目標を、具体的に書いて自分の部屋の壁に貼って、毎日イメージトレーニングをしている息子。でも、その部屋には大好きなキャンディなど甘いものがたくさんあったりと、ストイックなところとまだまだ幼い面が往来する、私にとっては14歳になってもかわいさいっぱいの息子です。

バルト家流、女の子の危機管理

ナツエが中学生になり、1人で通学するようになった時から、自分の身を守るために必要なことをよく家族で話題にしています。

目の届かないところにいても守ってあげたい

背伸びしたい気持ちと、まだまだ甘えたい気持ちが同居する年頃のナツエ。ティーンエージャーですから、クラブや誰かの家でフェット（パーティ）の機会も出てきます。そこでナツエに言い聞かせているのは、電話とかトイレなどで中座して、いったん自分の目を離れてしまった飲み物は、もう口にしないように、ということ。

もしかしたら、飲み物に何か入れられて、そのあとどんなことが起こりうるのかも話していて、彼女も理解しています。

また、私がどうしても送迎できずに1人で電車や乗り物を利用しなくてはならない時には、「まずあなたの勘を信じて！」と言っています。

「なんかこの人イヤ」と思ったら、メトロを降りる、車両を替える、長距離列車でも、車中ではトイレに行かない。席が選べるのなら女性の隣に座る。寝てしまったり、何かに没頭するのではなく、ちょっと緊張感を持って乗ってほしいと伝えています。

次女のタカエが1人で移動することは、まだありませんが、一緒に話を聞いています。男の人は狼と思え、ではないですが、本当に今いろいろなことが起きているので、用心に用心を重ねて人をちょっと疑うくらいの感覚でいてほしいと思っています。

学校による違いはあるのでしょうが、フランスでは中学生になると男女一緒に同じクラスで性教育の授業を受けます。ですから、タカエも姉や兄の影響でなんとなくの知識はあるようです。

タカエには、誰かが体を触ろうとしたり、見せてと近づいてきたりしたら、「ママにちゃんと聞かないとダメ」と言いなさいと伝えています。はっきりと「NO」と言って、すぐその場を離れなさい、あなたの体に触る権利はほかの誰にもないのだからと。

学校の性教育だけではなく、家庭でも護身についての話を日頃からしておくことが大事だと、私は考えています。

ホワイトディナーは大人のイベント

最近では、日本でも行われていると耳にしたことがあるのですが、初めて経験した時に本当に驚いたのが、「ホワイトディナー」です。

ドレスコードは白。行き先は不明!? のパーティ

パリの街がもっとも美しいといわれる6月。第3週の木曜日の夜になると、エッフェル塔やルーブル美術館など、歴史的建造物の周辺には、大勢の全身白の装いの人たちが突如現れます。これがホワイトディナー「Diner en Blanc《ディネアンブラン》」というイベントで、パリ市内の公共の場で開催されるドレスコード白の野外ディナーです。

もともとは、1980年代のパリで2組のカップルが自分たちの結婚記念日のお祝いに友人たちを招いたパーティで、海軍の軍人だった男性が白い軍服を、女性は白いドレスを着て集まったのが始まりだとされています。

今では、ニューヨークやモントリオール、シンガポールなどでも開催されていて、各地で1万人以上の人が集うイベントとなっているようです。

ディナーに参加するのは中心メンバーによって構成される、いくつかのグループです。開催場所については、その中心メンバーの中の7、8人によって毎年慎重に決められて他のメンバーには直前まで秘密！　そのため、出席者たちはグループごとに指定された集合場所で、ドキドキしながらディナー会場へ向かう合図を待ちます。

集まってくる人々は帽子も洋服も靴もバッグもすべて白一色。ディナーに必要なものは自分たちで持って行きます。

カップルでの参加が条件なので、2人分の食べ物とお皿、脚付きのグラス2客、白い布のテーブルクロス、ナプキン、カトラリー類とキャンドルと大きなゴミ袋も忘れずに準備します。シャンパンやワイン何本かとそれを冷やす氷も持参です。

食べ物はメイン、そしてサラダやチーズ、パン、デザートを用意した華やかな食事メニュー。グラスや食器、カトラリー類も使い捨てのプラスチックではなく、本物を用意。野外なので、ディナーのためのテーブルや椅子も各人自力で運ぶので、かなりの荷物となります。

ですから、みんな大きなカートを引いたり、台車を押したりという具合です。

ワインとおしゃべり、月明かりの中で続く饗宴

午後8時過ぎ。ようやく場所が発表されると、いよいよ出発です。

白い服の一団が延々と歩いて向かいます。会場は毎年異なり、かつての王宮、「パレ・ロワイヤル」で開催された年もあります。夫と私のインドやアメリカの友人たちも、その年はたまたま来仏していて参加してくれた、忘れられない回です。


このホワイトディナー。公共の場所で警察の許可なく、当日いきなり強行突破で始めるディナーのわけですから、最悪の場合、取り締まりに遭う可能性があります。じつはパレ・ロワイヤルの年も、当初予定されていた会場が、突然、警察によって封鎖されてしまいました。そのため、急きょ変更になったというハプニングが。

でも、そんなことさえも楽しくてたまらないというように話す夫や仲間たち！ エネルギッシュです……。会場に到着する頃にはすでに時計は9時を回っています。

6月のパリは夜の10時過ぎまで明るくて、気候も穏やか。とても心地よいのです。

グループごとにテーブルが設営されますが、見れば、席は、テーブルを挟んで片側は女性のみ、片側は男性のみという配置もあれば、カップル同士が隣り合って座っているテーブルも。お料理もいろいろですが、ドレスコードの白は全員が守っています。

中世の貴婦人のようなドレスに身を包んだマダムもいれば、楽しい電飾付きの帽子をかぶった若い女性も、エンジェル姿の女の子も、白一色のピエロや楽団員もいます。

日暮れとともに空の様子は徐々に変化して、やがてはわずかな街灯とテーブルのキャンドル、そして月明かりだけの中に浮かぶディナーテーブルと白い服の人々。幻想的な空間です。何か特別な余興があるわけではなく、延々と、ひたすら飲んで、食べて、おしゃべりして、夏の短いパリの夜をみんなであますことなく楽しみます
毎年恒例の、参加者全員で行う11時の花火。感動とともに見つめたあとは、12時ぴったりにディナーはお開きに。会場を何事もなかったかのようにきれいな状態に戻し、静かに退散します。なので、大きなゴミ袋は大切な持ち物なのです!

友人、そのまた友人というつながりのある人たちしか参加できないのですが、粋でおしゃれで、これぞ大人のイベントだと毎年感じています。

Photo page ≫ 15

パランとマレンヌの存在

カトリックの風習が暮らしの中に根付いているフランス。子どもが成長する過程でいくつかある通過儀礼の中でも、重要なのが「バテム（洗礼式）」です。

誕生してから2歳になるくらいまでの間に教会で行うもので、赤ちゃんがパラン（代父）、マレンヌ（代母）に抱かれて神父さまの洗礼を受けます。

家族＋αの大切な大人の存在

パラン、マレンヌはいわば第二の親のような存在で、両親が不慮の事故などで亡くなるなどした場合は、その子どもを引き取って育てたりすることもあると聞きます。

パラン、マレンヌを誰にするかはそれぞれの家庭によって考え方がさまざまですが、両親のきょうだい、つまり赤ちゃんの叔父（伯父）、叔母（伯母）はじめ、親族にお願いすることも多いようです。夫の場合も、彼のパラン、マレンヌはそれぞれ父方の伯父さんと母方の伯母さんですが、わが家の子どもたちの場合はあえて違う考え方をして、親族以外の人にお願いすることにしました。

まず、私自身の生まれ育った環境にはそういった習慣がないのと、パラン、マレンヌという役割でなくとも、親族であればお互いが助け合うのが自然で、もしもの時も自分の子どもと同じように接して教育をするものなのではないかと思ったためです。

そういう気持ちから3人の子どものパラン、マレンヌは家族、親族以外の人で私たちとは違う視野を持って子どもに接してくれる人、それこそ親には言えないようなことでも、この人になら相談できると思えるような人を選ぼうと考えました。

その子に合ったパランとマレンヌを選んであげたい

長女ナツエのマレンヌは、夫が「日本のお姉さん」と呼んでいる方で、彼が日本に暮らしていた時からお世話になっている日本人女性です。

彼女は世界中の著名な方々と仕事をしていて、しょっちゅう日本と海外を行き来しているようなインターナショナルな方。未婚でお子さんはいないので、ナツエが小さい時にはどう接してよいかわからなかったかもしれませんが、私たち夫婦の間ではナツエが大きくなった時にこそ、私たちが教えられないような世界のことを教えてくれる大切な存在になると思っています。

そしてパランは、マレンヌの女性とも親しく、夫のバルトさんも信頼している男性。以前は北京、そしてモナコにも住んでいたりするドイツ人。いったい今、世界のどこにいるのかというくらい国際的です。

彼はナツエがまだ小さい時からレディとして接してくれていて、高校生以降は「ちょっとデートしよう」と家の前にポルシェで迎えに来て、パラスホテルの「プラザアテネ」に乗りつけて、2人でお茶をするというようなことも。親としては同じようなことはできませんが（笑）、「そういう場所に連れて行っていただくのなら、お茶を飲む時もきちんとした姿勢でいただかなくてはね」と、ナツエを送り出しました。

こうした2人と接する中で、自分ももっと英語を話せるようになりたいとか、いろいろなところで活躍してみたいとか、娘にとって励みになるといいなと思っています。

フェルディノンのパランは夫の親友で、マレンヌはまた別の親友の奥さん。海外暮らしでなかなか会う機会のないナツエのケースと違って、両方ともがパリにいます。

2人ともそれぞれ男の子が3人いるパパとママで、フェルディノンとほぼ同い年の男の子がいるので、家族ぐるみの付き合いが続いています。

また、次女のタカエのパランはやはり私たちが親しく付き合っている男性で、マレンヌはとても近しくしている年上の作家さんです。

パラン、マレンヌからは、子どもたちのクリスマスやお誕生日など、節目節目にプレゼントをいただくこともしばしば。

パーソナライズしたスニーカーやアートブックのように美しい聖書や重厚な歴史書、「モンブラン」の筆記具など、子どもたちの個性に合った素敵なものばかりです。タカエのマレンヌからはバテム用にと、純白のうっとりするほど美しいドレスや大きな一角獣の子どものぬいぐるみが届いたり、お誕生日には童話のワンシーンのようなお茶会を用意してくださったりと、作家の彼女ならではの感性が溢れています。

夫のバルトさん自身は7人のパランになっていて、一番大きい名付け子はもう30歳を過ぎて結婚しています。夫は若い時にパランになったために、その子にはしばらくは何もしてあげられなかったようですが、今ではお互いに大人として、男同士、兄弟のような付き合いをしていて、なんだかうらやましくなります。

わが家のフランス流ホームパーティ

「今度、うちにディナーに来て」とか、「うちでパーティをするの」とか、普段の何気ない会話の中でよくそんな言葉が交わされるくらい、フランスでは家に人を招くのは自然なことです。

招くほうも招かれる側も肩ひじ張らないおもてなし

パーティの形式はさまざま。自宅で30人くらいの着席ディナーをした友人のパーティは、レンタルしたテーブルや椅子を家の中にうまくレイアウトして、プロのキッチンの人、サービスの人をお願いした、大がかりで洗練されたものでした。

2カップル4人だけの内々のこぢんまりとした感じのディナーも多いですし、立食の誕生日パーティで、みんながにぎやかに出たり入ったりするパーティや、食べるものはほとんどなくて、ひたすら陽気にみんなで飲んでいるという会もあったりと、本当にさまざまです。

私たち日本人は家に人を招くとなると、何もかもちゃんとやらなくてはという気がして、とくに女性にとっては負担が大きいと思います。けれども、フランス人はもっと肩の力が抜けた感じです。

招かれたほうも、「何か持って行かなくちゃいけない」とか、「こうしないと相手に失礼になる」というのがなくて、手みやげを持って行きたければそうするし、手ぶらで行っても、今度は逆に自分のところにお招きすればいいという気楽さがあります。招くほうも、招かれる側も自分にできることをする。そして共有する時間を楽しむという姿勢があるような気がします。

わが家でもよくディナーをしますが、ここ数年の恒例になっているのが、6月のパーティ。フランスでは年度末ともいえるこの時期、大人も子どももいろいろなイベントやディナーのお誘いなどが多い時です。長いヴァカンスに入る前に、大好きな人たちを大勢招いて、わが家ではホームパーティをします。

そもそもは、私たち夫婦の結婚15周年の年に、夫婦2人の3月のお誕生日をまだしていなかったことや9月は結婚15周年でもあることだし、と、いろいろな理由をつけて、みんなで集まれたら楽しそう！　と思い立ったのが始まりでした。

場所は、最初は中庭を考えたのですが、最終的には、お天気の心配のない家の中で、立食スタイルで行うことに決めました。

お料理は友人を通してご縁がつながった、日本人シェフにお願いすることに。彼はパリの人気店の料理人を歴任された方で、当時はたまたまご自身のお店の開店準備中で、出張シェフの依頼を快く引き受けてくださいました。

アペリティフのサービスはプロの方とわが家の子どもたちで

おおよその人数をお伝えして、メニューはすべてシェフにお任せで。ただ、家中の食器を総動員してもゲストのみなさんに十分に行き渡るだけの器が用意できないと思ったので、最初のほうのお料理は手でつまめるものを、とリクエストしました。

スティック状の野菜やフォカッチャ、カナッペなどの前菜に、メインのお肉やお魚のお料理、デザートなどは大皿に盛り付けて、各自思い思いに取り分けていただくようにしました。グラスは総動員。盛り付けの器も日仏いろいろな食器を取り混ぜてとなりましたが、これもまた、わが家らしいものとなりました。

パリの夜はゆっくりで、お招きする時間はだいたい夜の8時すぎ。9時ぐらいまでの間にゲストの方々が続々と到着します。

当日は、私は、「ロエベ」の柔らかい革のベージュのワンピースでお出迎え。ホームパーティの時は動きやすく、かつお招きした方々に失礼にならないおしゃれを心がけます。このために洋服を新調する……なんてことは、もちろん、ありません（笑）。

バルトさんと私は、それぞれ離れてゲストのおもてなしに回ります。おもてなしのスタートは、まずアペリティフ。わが家ではシャンパーニュのマグナムボトルが定番で、いつもなら、私たちが直接サービスするのですが、この時は50人以上のお客さまなのでプロの方を頼み、皆さんにスムースに飲み物が行き渡るようにしました。

子どもたちは、まだ小さかった頃はディナーが始まる前には寝かしつけていたのですが、成長とともにそれも少しずつ変わってきました。3人とも皆さんにご挨拶するのを楽しみにしていたので、9時までという条件でパーティの最初のほうに参加。長男はおつまみの大皿を持ってサービスしながら、お客さまの間を回りました。

シェフのお料理はどれもおいしくて、大好評。お魚やお肉料理の取り皿は紙皿ではなくてきちんとしたお皿をレンタルしたほうがよかったかしら、と気になっていたのですが、それも杞憂でした。

「これおいしい！ 食べてみて」と、お互いのお皿を回したり、皆さんが思い思いに楽しんでいるのを見て、私自身、「いいんだ、これで」と気持ちが軽くなりました。

人と人を結びつけるきっかけになれば……

お客さまは、日本、中国、ロシア、アメリカ系と半分は外国人ですが、初対面でも内気にならずに会話がはずみ、フランス人は日本大好きの方ばかり。気がつけば、子ども部屋と寝室以外、家中を人が行き交っていました。

小学校の同級生が偶然に再会したり、初対面の人同士が共通の話題で盛り上がったりと、うれしいサプライズもたくさん！ リビング、ダイニングはもちろん、書斎や廊下までお客さまの姿があったのですが、驚いたのは、キッチンのシェフの横にも何人かが集まり、ワイワイ盛り上がっていたこと。これは夫も私も想像しなかったうれしい発見でした。そして、宴は明け方まで延々と続いていました！

わが家に人をお招きする時、人と人を結び付けるきっかけになればということを一番に考えてきましたが、こうして話の合う人同士が思い思いに好きな場所で楽しんでくれることこそが、私たちにはとてもうれしいこと。

50人以上となると、至らないところも多々あったかと思いますが、最終的に十分なお酒があって、食べるのも忘れるほど楽しかったという声が聞けたら、もう、それでOK！ です。

私自身も夫も、「もっと気を遣わなくっちゃ」というより、接待を忘れるくらい気持ちよく酔い、いらしてくださった方々が、いい意味で好き勝手に楽しんでくれた結果、みんながハッピーになれたら、大成功です。

実際、「これまでのどんなディナーよりも楽しかった！」と言ってくれた友達もいたりして、これがすっかりクセになってしまい、以来、6月のパーティが恒例になったというわけです。念願だった、アパルトマンの中庭でのガーデンパーティを実現した年もあります。毎年、お客さまも楽しいサプライズも増え続けている、そんなわが家のホームパーティです。

Photo page ≫ 14

Place à l'élégance

Chapitre 2

おしゃれの時間

元気と華やぎをくれる色。赤の持つ「力」

アートやインテリア、部屋の内装、わが家には赤い色がたくさん!
私のワードローブにも、最近、赤が入ったものが増えてきました。

アパルトマンのエントランスコーナー。深紅の絵は、時の流れとともにところどころ剥げ落ちてきましたが、これもまた味わいかと。

左／夫とのお出掛けやヴァカンス先で水着の上に着たりするミニワンピース。大きなフリルがポイント(ゾー＆ネマ)。

右／サンフランシスコのお店で、夫も子どもも「かわいい!」と気に入った靴。

カフス類はすべて夫と共有。白シャツ好きの私には、マストアイテムです。

クスッと笑えるものが好き。ほかにも消火器形やワインボトル形など、いろいろ。

左上から／色違いの紺バージョンも愛用しているサンダル(シャルル ジョルダン)。袖が七分丈のセーターは初夏の肌寒い日にも!(ゾー＆ネマ) 夏はヒールを合わせてディナーにも行くおしゃれなショートパンツ(ザラ)。出番の多いトートバッグ(ランズエンド)。

赤い刺しゅうが気に入って購入した「ティエリー・コルソン」のチュニック。ジーンズと合わせたり、ヴァカンス先でも大活躍しています。

自分の着たいものを自由に楽しむフランス流

フランスのマダムたちは肌を見せる装いにあまり抵抗がないようです。
着たいものを素直に着る。とらわれのないおしゃれは素敵です。

前から見ると、丈は長いですが普通のワンピース。でも、後ろ姿は意外に大胆。襟足からウエストまでのパックリ深いスリットが……！（ドゥロワー）

ブラウスとスカートのように見えますがワンピースです。抜き襟のような開き具合が、品よくきれいに鎖骨を見せてくれます（サラ・ロカ）。

この年齢でいいのかしら!?と、最初は躊躇したショートパンツも、今や大活躍!（ゾー＆ネマ）

肩のフリフリすぎない大人フリルがポイント！（アキラーノ・リモンディ）

フェミニンな気持ちになれるワンピース

最近、私のクローゼットに増えてきたアイテムの一つ。
ワンピースを身に着けると、
しぐさまでなんだか違ってくるから不思議です。

どれもずっと使い続けたい 大好きなバッグたち

惹かれるバッグはカラフルだったり、
形や素材にオリジナリティがあったり……。
一生使えて2人の娘たちにも渡したいものばかりです。

珍しい色ね、とよくほめられます。ポシェットで使用（シャネル）。

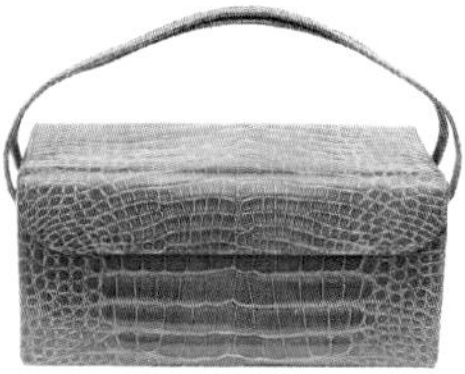

革、色、形を自分で決めてオーダー。持ち手が短すぎました（涙）。

内ポケットなど、細部まで女性デザイナーの心遣いが感じられるバッグ（ヘスター・ヴァン・エーハン）。

色と形に一目惚れ。物もたっぷり入るので便利！（モワナ）

5本指の手の甲だけのグローブ（手袋）がついたクラッチ（ペラン）。

ドレッシーなスタイルにも、こなれたカジュアルにも（ヴァレンチノ）。

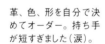

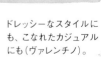

上／こちらも15年以上愛用。表はボルドー、内側は黄色の革（モラビト）。
中／オブジェのようなバッグ。収納力抜群で持ちやすい!（ペラン）
下／知人のイタリア人女性デザイナーが手掛けたカシミヤ素材のクラッチ。

左／15年以上愛用している木製ビーズのバッグ。内側はファー（フェラガモ）。
右／下の写真のバッグ。手をすっぽり入れて抱えられます。

もともとはグローブを作っていたブランドなので、持ちやすい工夫がされているクラッチバッグです（ペラン）。

おしゃれの仕上げは靴次第。足元は大事です！

大好きだけれど、長年着ていて見慣れた自分の服。
でも靴を新しいものに変えれば、服はまた別の表情を見せてくれます。
気分も変わります。

パリの小さなお店で購入した、フリンジ付きのショートブーツ。品よくこなれたエレガントスタイルに。

テレビ番組でパリのセールを取材中に、思わずひと目惚れして購入。

15年以上履いているヒール。ドレスやシャツ、デニムにもピッタリ。

イニシャル入りは、自分だけの靴という気持ちが強くなります。

夫のプレゼント。メゾンブランドのものに間違われますが、量販店のもの（笑）。

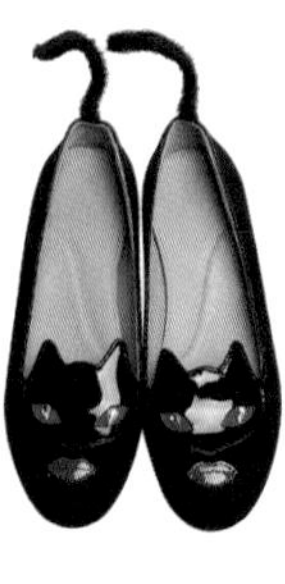

「キャットウーマン」と私が呼んでいる靴。子どもの友達にも人気。

膝下10cmくらいの長さ。色が気に入っています。

私がプロデュースした、変わりボーダーのセーター（レリアン）。

セーターを大人の素敵なお出掛け着に!

大人が着るには、カジュアルすぎたり
幼く見えたりしてしまうのでは……。
セーターのそんな心配も色と形を選べば解決します。

いつでもどこでも携帯している私のストール

温度調節に、移動の機内で子どものブランケット代わりに、
ストールは、いつも必ず持ち歩いています。アウターとしても大活躍です。

羽織り物が難しい服にはストールを2枚重ねて肩に。おすすめ!

黒の革にシルバーがシャープなアクセント（ジャック・ロスタン）。

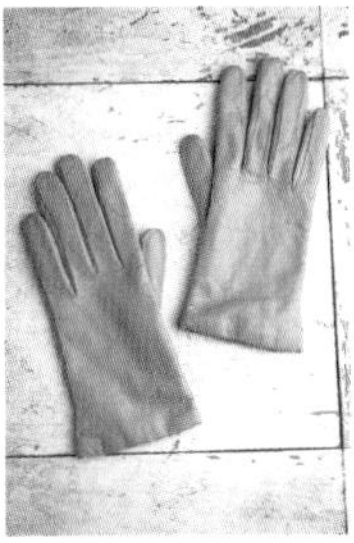

パリの冬空に映えるスカイブルー（ZETABI GUANTI）。

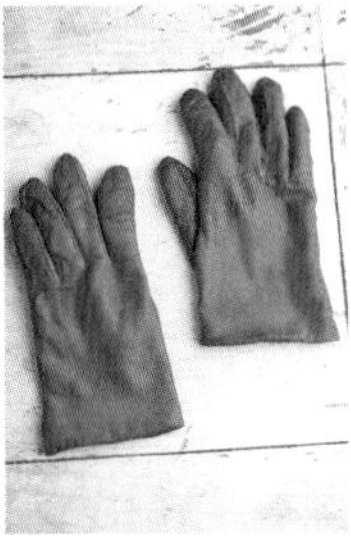

鮮やかなオレンジ色が楽しい!（ジ・ベ・ガンティ）

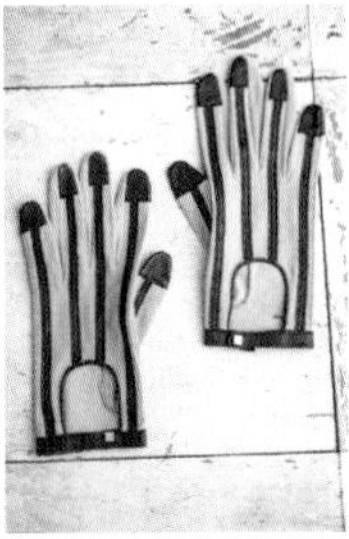

茶色の縦のラインが指長に見せる効果あり!?（ジャック・ファット）

寒い寒いパリの冬を楽しくするカラフル手袋

パリに住み始めてから、少しずつ集めてきたカラフルな手袋たち。防寒とおしゃれ、私にとって両方の面で欠かせない心弾む存在です。

左から／使いやすいナス紺の手袋（ランズエンド）。クロコとウール、異素材の組み合わせ（ロエベ）。大好きですが、手首が出て防寒には惜しい!（メゾン・ファーブル）長め丈がエレガント（ジ・ベ・ガンティ）。

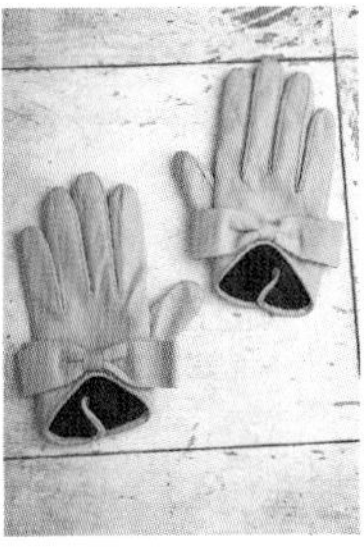

おしゃれ大好き!
わが家のファッションアルバムです

5年前から「セゾン・ド・エリコ」に掲載してきたファミリーファッション。アトランダムに並べたダイジェスト版です。懐かしくて涙……。

左／家族で友人宅へお呼ばれ。控えめロック。
中／かわいらしいブラウスとブーツがポイント。
右／定番の登校スタイル。お友達もこんな感じ。

NATSUÉ

学校は私服です。ロックなスタイルが大好きで、なかなかスカートを着てくれません。家族でのお出掛け時だけは女の子らしく。

じつは私のワンピース。でも似合っていてうれしい!

自宅中庭での休日のランチタイム。なんだかぐっと大人っぽい。

左／フランスの観光名所、ロカマドゥールを訪ねて。

中／夫のいとこの男性の結婚式に出席。

右／愛犬との散歩はこんなスタイルで。

FERDINAND

早朝の散歩の時以外は、必ずシックなスタイルで出掛ける息子。色も形もきれいなものが好きなよう。"巻き物好き"は私似!?

左／カトリックの儀式、初の聖体拝領の日。私と相談して決めた服装で。

右／色合わせによく悩むみたいで、そんな時は私と2人で考えます。

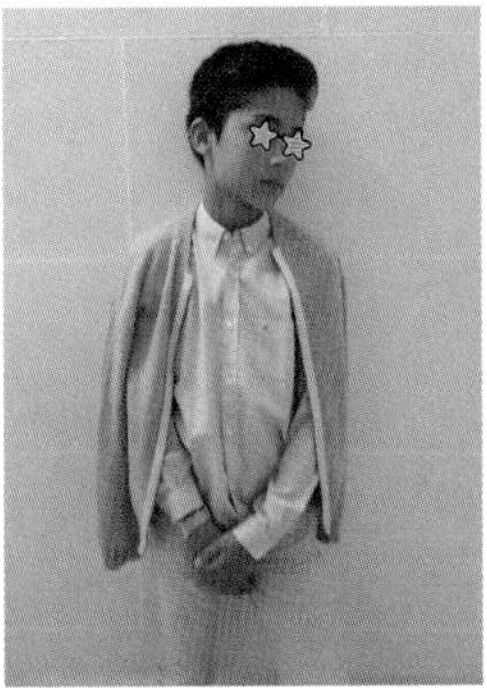

左／白が効いたグレーのカーディガンは大のお気に入り。

右／一緒に踊ったり歌ったり。けんかもするけど、なかよし!

左／家の中で。ボンポワンの服でポージング!
中／トチネット（キックスケーター）で公園へ。
右／ナツエのお下がりのニットワンピースで登校。

TAKAÉ

上の2人はお年頃で、最近はなかなか写真を撮らせてくれず（涙）。でも、タカエだけはいつも笑顔でポーズをとってくれます。

左／ちょっぴりハードなスタイル（?）に挑戦。南仏の祖父母に会いに。
右／愛犬との散歩コースで。「ピュイックは私の小さな妹なの♪」だそう。

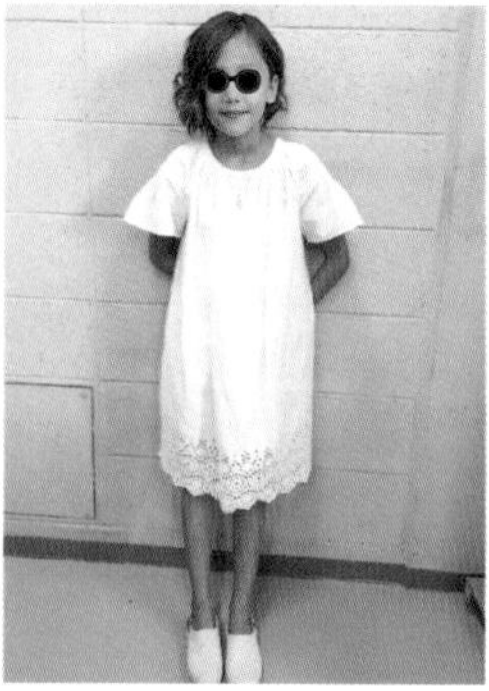

左／この頃は女の子らしい服が大好き。でも、じつは最近は、ナツエの影響で変化中。
右／お揃いの靴に服の色も合わせて。「ママ、私たち双子みたい!」と、娘。

左／「女の子は白い服で」の結婚式に出席。

中／ランチに出掛けた際の1枚。カメラマンはパパ。

右／父子でお散歩に。黒革のブルゾンをお揃いにして。

FAMILLE

休日のランチやお買い物など、家族でのお出掛けはみんなで色のトーンや雰囲気を合わせます。これを考えるのも、また楽しい！

左／来仏した私の母に、学校へ送ってもらうタカエ。

中／滞在中の夫の母と映画に。義母と娘のお揃いにご注目！

右／お出掛け前にアパルトマンの中庭で。

レストランのテラス席で。タカエの8歳のお誕生日のお祝い。

老眼鏡でプチコスプレ気分を味わっています

老眼鏡の"老"という字に抵抗を覚える方もいらっしゃるようです。
ずっと視力がよかった私の場合は、眼鏡のおしゃれも楽しんでいます。

2個目の老眼鏡。気に入って、
レンズの度を替えながら愛用中。

Chapitre
2

おしゃれの時間

元気と華やぎをくれる赤い色

わが家には赤い色がたくさんあります。玄関のエントランスに飾ったアートもそうですし、ダイニングやキッチンの壁、暖炉、キッチンツールなどインテリアや内装、小物類などなど。赤は元気になる色、気持ちが華やぐ色です。気がつけばここ数年、私のファッションにも赤いものが増えてきて、〝赤〟の持つ魅力にはまっています。

どんな色とも相性がいい万能色

20代の頃は、赤い色を身に着けることはあまりありませんでしたが、30、40代を越えて、だんだんどこかに赤が欲しいと感じるようになりました。加齢とともに失われるエネルギーや華やかさを、無意識のうちに求めてきたのかもしれません。

ひと口に赤といっても、いろいろなトーンの赤がありますよね。毛せんのような深紅もあれば、黒みがかったボルドーに近い落ち着いた赤、オレンジに近い赤もあります。私は朱赤と呼ばれるような、ぱっと明るい赤も大好きです。

小物では、もう何年も使っている赤いバッグやストールは、グレー、黒、白などのどんな色の洋服にも合って便利ですし、真っ赤なエナメルのヒールは迷ったらこの靴！　というぐらい出番が多い靴です。えっ、赤い靴は合わせにくそう、と思われるかもしれませんが、シックな装いの差し色として重宝しますよ。

赤はコーディネートの強い味方です。

洋服は、少し大胆なぐらいミニ丈のワンピースや元気なショートパンツ、赤い唇のモチーフ入りのセーターなど、赤い服を着るといつもとても楽しい気分に！

でもよくよく考えてみると、パリでは案外、赤を使っている人を見かけない気がします。フーシャピンクなどヴィヴィッドなピンク色はお年を召したマダムたちも素敵に着こなしているのですが……。

想像ですが、きっと、私たち日本人のこの髪の色や肌の色がとくに赤と相性がいいのかもしれません。それならばなおのこと、日本人ならではの特徴を生かして赤の魅力をどんどん楽しみたいと思います。

Photo page ≫ 50

白シャツと白ブラウス

私が持っている洋服の中で、とくに多いのが白シャツと白ブラウス。ほかの方が見たらきっと同じように見えるものばかりかもしれません。

でも、私にはそれぞれがデザインも着心地も違っていて、ちょっとクタッとしてきたものも、それもまた味わいと思って愛用しています。旅にも必ずこの二つは持参。コットン素材のシャツはアイロンが必要なので、ホテルの部屋や東京の実家でせっせとアイロンかけをすることになりますが、ちっとも苦になりません。

ちなみに白シャツかブラウスに白いボトムを合わせる全身真っ白コーディネート。私の大好きな組み合わせで、子どもたちがまだ赤ちゃんだった時もしていました！

5センチのこだわりを大切に

デニム、パンツ、スカート、ショートパンツ……どんなボトムスにもしっくり馴染むのが白シャツの魅力。そして、きちんと着ても多少着崩しても、白シャツならエレガントに見えるから不思議です。白という色が持つ、品のよさのせいでしょうか。

また私の場合、体にフィットする襟の高いデザインが好きで襟を立てて着ることが多いのですが、そのせいか、シャツを着ると姿勢がよくなって気分も引き締まります。

「ドルチェ&ガッバーナ」や「ザラウーマン」のもの、そして以前、ベトナムでオーダーした何枚かの白シャツを長く着ていますが、オーダーする際の襟の高さはすべて5センチに。私にとって落ち着く高さです。

襟の先は身頃に留めつけるデザインでお願いしました。好きな立て襟の状態をいつもキープしている感じです。

また、前立てはピンタック入りとなしのプレーンなものの2種類を作りましたが、こちらも前立てのボタンはすべて隠しボタンでお願いしました。

袖口はボタンなしで、カフスボタンを付けるダブルカフスになっています。

シャツはボトムに入れて着ることが多いので、身頃の丈は重要。長すぎれば腰回りがもたつきますし、短いと背中が出てしまいそうで落ち着かない。自分にとってベストな長さを知っておくことは、オーダーする時も購入する際も意識しています。

大切なのは白いものをいつも白い状態で着ること

ブラウスはワンショルダーや透け感のあるもの、フリルつきなどモードなものも持っていますが、やはりシャツ同様、基本はシンプルなデザインが好き。「セドリック・シャルリエ」のものなどを長く着ています。

また、なにより白にとって、大切なのはその〝白さ〟ですから、定期的に漂白をし、きちんとアイロンかけをします。白さが蘇ると自分の仕事に大満足！　長く付き合うためには、定期的なケアも大切です。ケアも楽しめたらいいですよね！

ただ、どんなに手入れをしていてもなんとなく真っ白ではなくなってくるものもあります。その時は外には着て行かない、家の中でだけ着るものにしています。それにもかなりくたびれてきた……という時は、適当な大きさに切ってお掃除用の使い捨て布としてストック。

最後の最後まで慈しんで、「ありがとう」の気持ちとともにお別れします。

スカートに目覚める

私は白シャツ＋パンツのイメージが強いようですが、最近、スカートにも開眼！ ふんわり風に揺れるシルエットや色柄物にも挑戦しています。

ファションは子どもと自分の成長（？）で変化する

次女が小学生になり、私自身も40代後半に差し掛かる頃から、ファッションにも変化が出てきました。スカートやワンピース姿が増えてきて、以前はあまり着なかった色柄物にも目がいくようになったのです。これは自分でも驚きのこと。

それまでもスカートをまったく穿かなかったわけではありません。ただ、白やグレー、ベージュというようなシックな色に、形は台形やタイトというシンプルなもの、そこに少しだけ小ワザがきいたスカートというのがほとんどでした。

それが、たっぷりギャザーを寄せたスカートや長めの巻きスカート、フレアスカートやタックを寄せたスカートなどにも目がいくようになったのです。

家族にも好評なスカートをご紹介しますね。全般に、ちょっと個性的なスカートにシンプルなトップスを合わせることが多いと思います。写真でお見せできないのが残念ですが、スカート選びのなにかしらのアイデアになればうれしいです。

まず、夫からのプレゼントのイタリアの「サラ・ロカ」のスカート。ひざ丈のフレアスカートは、濃紺の地の全面に小さなカットワークが入っていて、重ねた別布が覗くデザインです。これには白シャツを合わせてシンプルに。個性的なスカートにはさっぱりと白シャツを合わせると、甘すぎない大人のフェミニンスタイルになります。

今はもうなくなってしまったフランスのブランド「レクイエム」。こちらのオフホワイトのタイトスカートは、裾の部分にドレープを寄せ、折り返して留めつけたモードなデザイン。黒のシンプルニットを合わせてエレガントなモノトーンコーデにします。

愛用しているフランスのブランド「ゾー&ネマ」のタック入りスカートは、グリーン、赤、黒の3色で錦鯉のような色合い（笑）！　素材もジャガード織りで存在感あり。白シャツや黒のニットとなんにでも合うので、登場回数が多い1枚となっています。

私のワンピース

1枚でさりげない女らしさや華やかさを引き出してくれる、ワンピース。身に着けると、しぐさや気持ちまで、ぐっとフェミニンになる気がするので不思議です。

お仕事でもお出掛けでもヴァカンス先でもどんどん着る！

「アキラーノ・リモンディ」の膝上丈のミニのワンピースは、オレンジ色のIライン。パフスリーブの袖口が花びらのようなフリルになっています。

ダークすぎないオレンジ色は肌をきれいに見せてくれますし、着丈は短すぎないミニ丈。フリルもフリフリすぎないので、甘すぎませんし、逆に気になる二の腕をカバーしてくれます。すべてが程よいワンピースです。お出掛けにもパーティにも愛用。

ベージュのスリッポンや濃い茶色のサンダル、ペタンコ靴など、どんな靴にも合いますし、白や茶色のバッグを持って首元にストールを巻けば表情が一変します。

白シャツと膝丈のギャザースカートが一体化したような「サラ・ロカ」のワンピースは、ぴったりと身に沿うシルエット。着ていて緊張感を覚えます。

こちらのブランドは、個性的なデザインが特徴。襟の開き具合が鎖骨をきれいに見せてくれるものやウエストに幅広のリボンを結ぶものなど、女性の体形の魅力を存分に引き出してくれるものが多いと思います。夫との外出時やお仕事にも着ています。

ロングワンピースはフェミニンな気持ちを、いっそう高めてくれるものですよね。私が持っている「ゾー&ネマ」のものは、胸元の透け感のあるカットレースに優しい生成りの風合い。ロマンチックで、女性の夢をすべて詰め込んだような1枚です。

ただ、華美な飾りはないので大人が着ても幼くはならないスイートさ。サンダルやトング、ヒール、目先を変えてスニーカーを合わせてもおしゃれな感じ。

ヴァカンス先でも着ますが、私は子どもの送迎など街中でも普通に着ています。なんでもない普段の日のちょっとスイートなロングワンピース。気持ちが弾みますよ！

大人のおしゃれな肌見せ服

もう1枚、フルレングスに近いデニムのロングワンピースも長年愛用しています。

日本のブランド、「ドゥロワー」のもので、前から見ると、普通のデニムのロングワンピース。でも、後ろ姿は背中が襟足からウエストまでパックリ開いています！ひと目惚れして購入。深い袖ぐりと背中の開きは今でも多少は気になりますが、おどおどではなく、思い切りよく着ています。堂々と着ちゃうのが一番！

フランスのマダムたちは肌を見せる服にあまり抵抗がないようで、たとえば、お腹が出ていようが、胸元に無数のシミがあろうが、気にせず、隠さず、臆することなく、自分の着たい服を堂々と着ています。それがまたとても似合っていて素敵です！

私も最近では、露出にあまり抵抗を感じなくなり、「もうこの年だから……」など と躊躇することなく、ショートパンツもノースリーブも楽しんでいます。

ところで、露出のある服は気を遣いますよね。「ちょっと下着がのぞいていないかしら」、そう思うとかえって気になるので、私は下着を着けなくなりました。ただ、保湿だけは見えている部分もそうでない部分も気を配ります。

クリームはつけて肌がキラキラ光っていたりすると悩ましい感じになるので（笑）、普通のボディクリームをつけるだけです。

Photo page ≫ 52,53

靴を新調すれば、服がよみがえる

洋服も靴も昔から大好きです。ただ、洋服はここ数年、新調はしても、今持っている大好きなものを、もっともっと大切にたくさん着たいと思うようになりました。

大人はペタンコ靴もフェミニン&エレガントに

靴は消耗品なので、必要に応じて買い足しています。若い頃はほとんど履かなかったペタンコ靴も、子どもたちがまだ小さくて追いかけ回していた頃に始まって、最近は私自身の年齢的なことや生活スタイルもあって必需品となっています。

家族全員が靴好きで、私が履いている靴にもそれぞれがご意見番。家族揃っての外出や学校の行事ともなると、「ママ、どの靴を履くの?」と必ずチェックが。

厳しいダメ出しも多くて、家族のリクエストはたいていヒールの高いパンプスやフェミニンで華奢な靴。みんな私に、いつも女らしくきれいにしていてほしいようです。うれしいのですが、日常となるとそれはなかなか辛い。学校やお稽古事への毎日の送迎やマルシェ（市場）への買い出しは、ヒールの靴ではとても無理です。

私の主張に根負けして、最近では夫がバレリン（ペタンコ靴）の素敵なお店を見つけてきてくれたり、ヒールはあっても厚底や太くてしっかりしている履きやすい靴をプレゼントしてくれたりするようになりました。

探してみると、ペタンコ靴は歩きやすさばかりを追求するのではなく、どこかにかわいらしさがあったり、女性らしさがあるデザインのものもたくさん。

それだと、エレガントなワンピースや女らしいスカートにもしっくりきますし、デニムやパンツに合わせると、逆にスポーティになりすぎず、かっこよくてかわいいスタイルになります。必要は〝発見〟の母でもあるようです。

長年着ている見慣れた服も、その年のモードっぽい靴を合わせると服はまた別の表情を見せますし、気分も変わります。着方を工夫するようにも……。

おしゃれは頭からつま先までのトータルバランスだと思っていますが、本当に足元は大事です。

Photo page ≫ 56

〝着る〞より〝まとう〞ケープのおしゃれ

冬の羽織り物、「ケープ」。ファッションの用語では、袖のない羽織り物のうち、丈が長いものを「マント」、短いものを「ケープ」と呼んで区別するようですが、フランスでは長さに関係なく、ケープと呼ぶことが多いようです。

ふわりと肩を包み込む優しさが好き

私には、20代の頃からずっと好き！　というものが多いのですが、このケープもその一つ。〝着る〞というよりも〝まとう〞〝羽織る〞という言葉がしっくりくるケープに包み込まれると、なんだかほっとして、幸せ気分になります。

クローゼットの中のケープの素材はファー、厚手のウール、軽いモヘア、柔らかな羊皮などいろいろ。もう、10年、20年近く着ているものもあれば、フランスで出合ったブランドのものもあります。

「レリアン」で、私がプロデュースしたラインの秋冬のコレクションでも、迷うことなくケープを入れました。素材や色、ボタンやポケット。細かなところまでこだわってデザインしたケープは愛着がありますし、本当に着やすい。毎年、少しずつ違いがあって、私自身が自分用、母用にと毎回購入しています。友人や「セゾン・ド・エリコ」のスタッフにも好評で、いつの間にか制服のようにみんなで愛用中（笑）。

袖のあるコートももちろんよく着ますが、最近は、年齢とともに重たく感じたり、時には肩の凝りを覚えたり……。でも、ケープだと大丈夫。また、ケープはカジュアルすぎず、ドレッシーすぎず、ほどよい品のよさがあるのと、スカートやパンツ、デニムとどんなアイテムにも合わせやすいので自然と出番も増えます。

両腕が自由に動かせるので、羽織ったままで車の運転もオッケーですし、マルシェでの大量の買い出しではお支払いなどの動作がラクです。

だんだん、疲れると注意力が散漫になってくる年代になりました。両腕が自由に使えるというのは大事なこと。そして、ケープは流行にあまり左右されないように思います。これも一つのものを長く大切に着続けたい私にはうれしいことなのです。

大人かわいいセーター

セーターはカジュアルな印象のあるアイテムですが、色や形を選べば、じつは素敵なお出掛け着に。なにより暖かいので、やっぱり寒い季節には欠かせません。

色使いと柄を選べばセーターの出番が増える

セーター類はすべて、自宅の洗濯機の手洗いモードで洗うので、汚れは気にせず、自宅にいる時も外出にもどんどん着ています。

ボーダーはどこの国でも永遠不滅のアイテムですが、このところよく着ているのが、ライトグレーと白の変わりボーダーのセーター。ニットを斜めにはぎ合わせているのでちょっとしゃれた感じがあって、ボーダーなのにエレガントな1枚です。

私がプロデュースしたものですが、カシミヤ100%なので暖かくて着心地もいい。お気に入りのサングラスをデザインしたブローチ付き。すでにボーダーは持っているとか、さんざん着てきた、そんな大人の女性に着ていただきたくて考えました。勝手に「2枚目からのボーダー」と命名（笑）。お出掛けには、白いパンツとヒールを合わせて。ロングスカートとスニーカーを合わせてもおしゃれです。

ここ数年、人気が続くロゴセーター。私が愛用しているのは、濃紺の地にロゴがシルバーで入ったものです。ロゴ入りは文字の大きさや書体、色でスポーティだったり、かわいくなりすぎたりしがちですが、この配色ですと、かわいさもありながら大人っぽい落ち着きもあります。自宅ならデニムとペタンコ靴を合わせて。パンツを紺のスリムなものにして真っ赤やオレンジの靴を履くと、一気にお出掛けモードです。

カラフルな色合いのざっくりセーターも魅力的。手持ちのものは厚手のウールで、紺地に赤やピンク、グリーン、黒などの色彩が抽象画のように入っています。いろいろな色が入っていると合わせるものに迷いそうですが、まったく逆。

紺、黒、白はもちろん、セーターの中の1色ならなんでも馴染みます。靴だって、色や形、たいがいのものがOK！　見かけによらず、協調性のあるセーターです。

セーターは家の中で普段着として着るばかりではなく、色や形次第で素敵な外出着になると思っています。

Photo page ≫ 57

カラフル手袋で心弾むパリの冬

持ってはいても、日本にいる時は手袋をすることがほとんどありませんでした。でも、パリの冬は本当に寒い。朝8時を過ぎても、空はどんよりグレーで寒がりの私にはこたえます。この寒さを経験してから、手袋は私にとって必需品となりました。

防寒とおしゃれ。私にとって欠かせないアイテム

あまりの寒さに驚いて、パリで最初に買った手袋はちょっと長めの丈で内側がカシミヤの革の手袋。色は無難なこげ茶色です。何年か経つうちに、もっと色使いを楽しもうと明るい色合いの手袋をするようになりました。パリの冬は空の色や石畳と石造りの建物、そしてすっかり葉の落ちた街路樹と全体がダーク。外に出るのが億劫になりがちですが、そんな時、洋服や小物にちょっと明るい色があると気持ちが弾みます。

たとえば、全身を黒でまとめたコーディネートに手袋だけは真っ赤だったら……と

か、黒いコートや濃紺のケープからひよこのような黄色がのぞいたらかわいいかも！ と考えていると、一人ときめいてきます。

手袋は大切なおしゃれのアクセント。鮮やかなオレンジ色、アイスブルーに茶のライン入り、ナス紺、黒革にシルバーの飾りをアクセントにきかせた手袋など、カラフルなものを、今、少しずつ集めています。

素材は、表が革で内側がカシミヤというのが一番暖かい。ただ、暖かいけれどデザインや色がいま一つだったり、逆に色や形が気に入っても、一重仕立てであまり暖かくなかったり、パーフェクトのものはなかなか見つからなくて模索中（笑）。

パリは手袋の専門店が多い街。手袋のサイズも細かく分かれています。旅の思い出に求めるのもおすすめです。もし購入なさるのなら、必ず試着をして、どうぞジャストサイズのものを見つけてくださいね。暖かさや色やデザインはもちろん、指に合ったサイズか、着脱しやすいかどうかも大事なポイントです。

使いにくい手袋は、ついつい敬遠してはめなくなってしまいますし、逆にピッタリと手に馴染む手袋は、それだけで手を美しく見せてくれると思いますから。

 Photo page ≫ 59

巻き物に恋をして

私にとってストールは持ち歩く毛布のようなもの。「スヌーピー」に出てくるライナスくんの気持ちがよくわかります（笑）。

出掛ける時は忘れずに……のストール

ふわふわの感触は持っているだけで気持ちがいいのと、防寒対策として乗り物の中や外出先でぱっと膝に広げたり肩に羽織ったりして愛用しています。日本にいた時からそうでしたが、パリはとくに秋冬以外でもタイツやコートがほしくなる肌寒い日もあるので、ストールはさらに大切！

長年かけて集めてきた色とりどりのストールが、1年中手放せません。

首元が冷えると体調を崩しやすいので、普段は首に巻いて子どものお迎えや買い出しに。急に雨が降り出したら、子どもの頭からかけていわゆる「真知子巻き」にしてしのぎますし、次女のタカエなどは移動の機内で「ママのストール」と言うので、かけてあげると、不思議なことにすうっと眠りにつきます。ですから、旅の荷物にも必ず薄手のストールが1枚入っています。

ストールの巻き方ですが、私はあまり手をかけず、ラフにふわっと巻いただけの状態が好きです。最初に首にかけた時に片側が少し長くなるようにしておいて、それをくるりと首にひと巻き。これだけです！　結ぶ時もふわっと、を心がけて！

ひと巻きしないで、ただ片側に引っかけるだけのこともよくあります。

ストール2枚重ねというのもよくします。色違いの大判のストールを重ねて肩にかけるのですが、その時に少しだけずらして二つの色が見えるようにします。

袖が膨らんでいたり着丈が微妙だったりで、アウターに悩んでしまう服ってありますよね。そんな時、このストール2枚重ねがあれば十分に暖かい。ストールの下にカーディガンを1枚着ると、さらに万全です。

スモーキーなラベンダーピンクとこげ茶色、黄緑と茶色、オフホワイトと赤など、何と何を合わせるのがより美しいか、いろいろな配色を考えるのも楽しいものです。

Photo page ≫ 58

不変のマイバッグ

お気に入りのバッグは、どれもずっと使い続けていきたいものばかり。20年前も好きだったし、今はもちろん、そして、おそらく20年後も好きでいられる……。一生使えて、娘たちにも渡したいと思える、不変のマイバッグたちです。

ブランドネームよりもオリジナリティがあるもの

もちろん、ハイブランドのバッグはとても素敵で、そういうものに目がいっていた時代もありました。かつて母にプレゼントした「エルメス」のバッグは、かなり傷んでしまったものでも修理に出したらきれいに直りました。

長い歴史を刻むハイブランドの商品は、そうやって長く使えるものですし、愛用していきたいものです。その一方で、キャンバス地のトートバッグも大好き。

バッグに対しても年齢とともにブランドにこだわらず、その時々に応じて使い分けを楽しみたい自由な気持ちになってきたように思います。さらに、この頃は、まだあまり人が持っていないようなオリジナリティのあるものに、より惹かれます。

たとえば、最近よく持っているのが、持ち手も含めてスイカのようなコロンと球形のバッグ。かわいくてどこに持って行ってもほめていただきます。オブジェのようですが、収納力も抜群でご近所のお使いでも重宝しています。

また、珍しいカシミヤ素材のクラッチバッグも気に入っています。軽くてかさばらないので、旅支度にプラスするのにも便利。

そして、もともとは、グローブ（手袋）を作っていたフランスのブランド、「ペラン」のクラッチバッグ。フロント部分にバッグと同素材で5本指の手袋の甲の部分だけがついていて、そこに手を入れて持ちます。クラッチの持ちにくさを解消する、機能的な作りは感動的です。

レモンイエローやピスタチオグリーン、ピンクやオレンジなど、時間をかけて揃えてきた色物のバッグはずっと重宝しています。手袋やストール同様、明るい色が一つ入るだけでぱっと全体の印象が明るくなったり、気分が弾んできますよ。

Photo page ≫ 54,55

アクセサリーと時計がきざむ時

子どもたちの成長、自分の年齢とともに変化してきたアクセサリー。会社員時代からずっと変わらず好きな時計。どちらも自分の体の一部のようになっています。

私の中で復活したアクセサリーの楽しみ

20代の頃は、小さくて繊細なジュエリーが大好きでした。

毎朝、顔を洗うよりも先に着けるピアス。高校3年生の終わりに、友達がピアスの穴を開けるというのに付き合って行って、自分も衝動的に開けていました。以来、欠かさず着けています。「イヤリングがないと裸でいるみたいな感じ」という母の影響もあるのか、耳に何もないと落ち着かないのです。

そのピアスも、若いうちは穴に埋まってしまうんじゃないかというような、ごく小さなゴールドのものやパールの、とにかく控えめなものを選んでいました。自分の中に、大きいものを着けると派手なんじゃないかという意識があったのです。

30代の初めにパリに住み始めて、大ぶりのものやラインストーンのアクセサリーの魅力をパリの年配のマダムたちの姿に教えられました。とはいえ、実際には3人の子どもたちの授乳や抱っこなどでアクセサリーを楽しむ余裕はなくて、ほぼノーアクセサリーという時期が続きました。

末っ子のタカエが小学生になり、自分も40代の半ばに差し掛かった頃から少しずつまた、アクセサリーを着けるように。最近では左手に時計と指輪、右手には華奢なブレスレットを、何本か重ね付けをするのが定番となっています。

子どもたちがビーズや紐で手作りしたリングやブレスレットをプレゼントしてくれるとうれしくて、重ね付けの一つに。紐が切れるまで大切に使い続けています。

小さなものから大きなものへ

普段のピアスは、もはや自分の体の一部になっているようなひと粒ダイヤ。オーダーしたもので、会社員時代からずっと着けています。脱ぎ着を繰り返す撮影時も重宝な30年選手です。

そして、あれほど小さいものが好きだったのに、違うタイプのものもここ数年増えて来ました。大きなフープピアスやスワロフスキーを散りばめたドロップピアス、トルコ石が連なったもの、人気の羽根付きタイプ、肩につきそうなロングチェーン……年齢とともに、より大胆なデザインにトライするようになってきたのです。

カラフルなものや肌の露出の多い洋服に抵抗がなくなったように、おしゃれ全般に対して、自分の中で作り込んできた〝こうあるべき〟みたいなイメージから、もっと自由に楽しみたいという気分が素直に出てきたのではないかと思います。

ただ、時計は長年愛用しているものが変わらず好き。これもまた自分の体の一部のように一緒に年齢を重ねています。一番よく着けるのはクロノグラフの時計ですが、じつは私、時計と車は〝ザ・メカ〟というデザインが好きなんです。

なかでも、女性の手首を覆うような大きいフェイスと革のベルトが好み。金属のベルトは女性には重たすぎる気がして。大きなフェイスの時計は女性の華奢な手首を強調して引き立ててくれるような気がします。会社員時代はストップウォッチ機能に助けられました。ベルトを交換したり、点検をまめにしたりして、大切に使っています。

ずっとときめいているもの

幼稚園くらいの頃のこと。1日に何回かTPOに合わせて着替えていたら、母が、「私たちが、あなたが赤ちゃんの時に服をとっかえひっかえ着せ替えていたから、あなたは洋服が好きになったのかしら？」と、おかしなことを言っていました。

いいえ、それはもしかしたら、当たっているのかも!?　知らないうちに洋服好きの因子を刷り込まれていたのかもしれない……。

年齢とともに変わること。変わらないこと

そんな私は、今では1日に何回も着替える時間も気力もない（笑）。なんだか心地いいと、そのまま何日も制服のように同じ格好をしていることもあります。

でもね、やっぱり服や小物にはときめくんです。

20代、30代前半は流行を意識していたわけではないのですが、それでもつねに何か

新しい服が着たい！　欲しい！　と思っていました。そして年齢を重ね、おしゃれは変わらずに楽しいけれども、その楽しみ方も変わってきました。

本当に心惹かれれば新しいものも欲しい。でも、手持ちのものでも十分すぎるぐらいにいろいろな着こなしができるのです。最近は手持ちのものの中に「えっ？　これっていつの間にかヴィンテージになっちゃったのね」というものも多くあって、ちょっと90年代スタイルに戻ってみようかな？　なんて思うこともあります。

新しいものも昔からのものも大切に身に着ける

この2、3年、実家の建て替えやパリの自宅のリフォームなどで、身の回りのものを整理して見直す機会が幾度かありました。

実家では、4歳ぐらいの時に使っていたバッグを発見！　私のバッグ好きは幼少期からで、父の仕事の関係でタイのバンコクに住んでいたので、いつも籐のバッグを持ってお出掛けしていた記憶があります。これはそのファーストバッグでした。

つい最近まで大切にとってありましたが、さすがにもう物を入れることもできない状態だったので、さようならをしました。

10年、20年ずっと着続けているもの。20代の頃から少しずつ時間をかけて集めてきていろいろな色が揃った小物類。今はもうなくなってしまったけれど大好きだったブランドのものなど、どれも大切にしています。

そして、長いこと出番はなかったけれど、そろそろ暗いクローゼットの中から、華やかな街中に登場させたいものもありました。

若い頃、背伸びをしたり、清水の舞台から飛び降りるつもりで買ったものもありますが、流行に左右されない品のよいデザイン、上質の素材、さらに基本的に色はベーシックが好きなので、また着たいと感じるものばかりなのです。

私は、洋服は買う時も身に着ける時も、自分がただ単純にそれが好き、着たいと思う気持ちが一番大事だと思いますが、そんな気持ちにかられるものばかりでした。

本当は娘たちが着てくれたら……という願いがあったのですが、彼女たちは確実に私よりも背が高くなり（すでに高校生の長女には大幅に抜かれています）、体格もよくなってしまうので、無理だわ、と、もう、すっぱりあきらめました。

「それなら、私が着たおすしかない！」と妙な使命感にかられる今日この頃です。

ようこそ老眼鏡！

43歳でかけ始めた老眼鏡。今では4個目となりました。子どもの頃からずっと視力がよかったこともあり、最初は戸惑いを覚えました。でも、どうせだったら、老眼鏡をかける年齢になったことを〝老いた〟とネガティブに受け止めるのではなく、新しい経験ができる！　とポジティブに考えようと思うことにしました。

老化は無理せず、楽しく迎え入れる

そうして作った最初の老眼鏡。人生初の眼鏡は真ん丸の黒縁眼鏡でした。

じつは、眼鏡店で最初に「素敵だな」と目にとまったのは、持っているサングラスと形が似ているものでした。でも、どうせなら、思いっ切り違うものにしよう！　とあえて違うタイプをセレクト。

打ち合わせの最中に、私がバッグから取り出してこの眼鏡をかけると、初めて見た方はしばしの沈黙のあと……爆笑。かけると、大阪名物「くいだおれ太郎」のようになって、かなりのインパクトだったようです。子どもたちにはなぜか不評でした(笑)。

さて、日本との違いとして、フランスでは老眼鏡の購入に健康保険がききます。

1個目の眼鏡を購入したお店では年齢分の割引サービスもあって、うれしいことに保険の分とともに差し引くと私の負担は5000円ほど。このシステムのおかげで、老眼が進んで度が合わなくなっても気軽に作り替えることができます。

今は、4個目と次女が「ルネット・シャ(猫の眼鏡)」と呼ぶ、つり目の大きなフレームで、上部が白い2個目の眼鏡をレンズの度を交換しながら愛用中。「フェンディ」のもので、もちろん保険適用です。

老眼鏡は〝老〟という字に抵抗感がある人も多いようですが、私はだて眼鏡感覚、ちょっとコスプレ気分で楽しんでいます。

以前、『セゾン・ド・エリコ』の取材で教えていただいたのですが、近視や老眼、見えにくくなった目で無理をして物を見ようとすると、どうしても目をこらすことになります。それは額や目元のシワへとつながるそうです。ですから無理は禁物!

それに、世の中には、美しい思い出だけを残して、年齢とともに見えなくなってもいいものがいっぱいあると思います。あっ、目元のシワや顔のシミもそうですね！　変化を前向きに受け止めて、楽しみに変えてしまうこともまた、生きる知恵かなと思います。

サングラスはオールシーズン必需品

眼鏡といえば、サングラスも大好きです。20代の頃からよくかけていて、アクセサリーとして、会社にもカチューシャサングラスで出勤していたぐらい。

昔はオーソドックスなものばかりでしたが、今はひと通りさまざまな色が揃ったので、こちらも、あえて大きめのものやおもしろい形のものを選ぶようにしています。フレームが八角形で、シックな色のレンズが入ったものや、赤茶のかなり大きなフレームで、耳にかける部分がクジャクの柄になっているもの……etc. 薄紫のフレームに薄い青緑のレンズという、個性的な色合わせを考えてオーダーしたものもあります。

ちなみに、サングラスのレンズの色って、かけると世の中がハッピーに見えるものもあれば、逆にくすんで見えるものもあるんです。レンズの選び方も大切ですね。

Photo page ≫ 64

Mon quotidien

Chapitre 3

暮らしの時間

いつもの毎日。大事な毎日。私の24時間

24時間ってあっという間で、毎日、
やらなければと思っていたことの半分ぐらいしか
消化できていない感じです。それでも、今を精一杯楽しんでいます。
いつもの毎日だけれど、毎日ちょっとずつ違う、そんなある日の様子。
撮影時は2017年。この数年で1日のスケジュールも変化しました。
懐かしい!! 子どもたち、こんなに早くに寝ていたなんて……。

8:00 ナツエが登校。その後、下の2人を学校に送ります。夫とピュイックが出勤するのは8時半頃。時間の余裕があれば子どもたちの登校後、私は朝食をとりますが、食べられないことが多いかな……。

8:15 手をつないでたくさん話をしながら、小学校へ送っていきます(撮影時はフェルディノンとタカエの2人でしたが、今は末っ子のタカエだけ。そのタカエも今秋には卒業です)。

7:00 起床。15分ぐらいで洗顔や身支度をすませます。お化粧もこの15分ですませます。

7:15 子どもたちを起こします。起きてくるまでの間に、子どもたちの朝食の用意と私は日課のホットレモン水を。生のレモンを搾ったところにお湯を注いで、1年中いただいています。

子どもたちの朝ごはんは、季節の果物数種類とスムージーかオレンジジュース、パンやシリアルなど。この日はオートミールに。

11:00 行きつけのお店に買い出しに。こちらのお肉屋さんはお昼休みが長いので、その前に。ステーキアシェ（フランス風ハンバーグ）用のお肉を買いました。おいしいんですよ!

パン屋さんは何軒か行きつけがあるのですが、ここはお肉屋さんの近くのお店。バゲットトラディションと、子どもたちが好きなベニエ（シュー皮を揚げたお菓子）を購入。

11:40 シャンゼリゼ通りのお店に子どものものを探しに。買い物や用事は混み合わない、なるべく早い時間帯にすませます。

8:45 アパルトマンの中庭で飼っているにわとりに、エサをやりに。

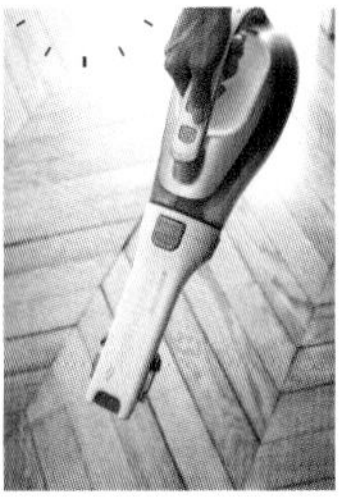

9:00 掃除や洗濯などをスタート。家の中のことをする時間は日によって違います。

10:00 行きつけのクリーニング屋さんへ。パリはクリーニング代がとても高いので、頻繁には出せません……。ここはメゾンブランドから依頼される仕事もしていて、店内を眺めるのも楽しいのです!

10:40 いつもは夫と一緒に出勤するピュイックですが、夫が出張でピュイックは家に。家事の合間に少しだけボール遊び。ごめんね、ピュイック、もっと遊んであげたいんだけれど。

14:30 お料理の撮影で使う野菜で、買い忘れがあることに気がついてあわてて八百屋さんへ。新鮮でおいしい野菜を扱う、私のなくてはならないお店。朝のジュース用のオレンジやおやつの果物、ナツエの好きなアボカドも買い足します。

15:00 残っていた家事をすませ、撮影準備の合間に夕食の下ごしらえも始めます。これはフェルディノンが好きなカレー。仕上げにりんご1個をすりおろして入れるのが、わが家流。

15:40 おやつ作り。定番のおにぎりと塩水につけたりんごを用意。

16:30 子どもの学校へお迎えに。お稽古事がある日は、そのあと車で送り迎えをします。この日はおやつも車の中で。

12:15 必要なものがあり、バスで足をのばします。車での移動が多いのですが、窓から見える風景がまた違うのでバスも大好きです。

路線図でバスの番号を確かめて、と。バス停では携帯電話の充電ができるんですよ!

14:10 気がつけば、朝から何も食べていませんでした。帰り道、クレープ屋さんを見つけて、思わずヌテラ(ヘーゼルナッツペーストベースのチョコレート)を塗った甘〜いクレープで糖分補給。

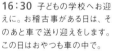

お稽古事がない日はおやつのあと、すぐに宿題をすませます。長女のナツエは学校やお稽古事から帰ってくる時間が下の2人よりも遅いので、宿題や勉強は夕食のあとです。

17:15 タカエは宿題のあとは、大好きな絵を描いたり私と公園に行ったり。雨の日や冬の寒い日は、家の中で本を読んだりパズルをしたりしています。

18:30 夕食の前に子どもたちをお風呂に入れます。

19:00 19時前には子どもたちの夕食をスタート。夫がいない時は私も子どもたちと一緒にすませます。夫が家で食事をする時は、私は彼と一緒に。だいたい21時とか21時半頃。本当は子どもたちが寝る前に帰ってきてほしいのだけれど……。

20:00 19時半には夕食を終えて下の2人は歯磨きを。寝るまでの時間、ちょっと一緒に遊んだり絵本を読んであげたり。ナツエは宿題や勉強。翌日の学校の準備も起きているうちに一緒にすませます。

20:30 下の2人は遅くともこの時間までにはベッドに入れるようにしています。中学生のナツエも21時半までには、ベッドへ。お稽古事がある日などで寝るまでの時間があまりない時でも、必ず3人のベッドに行って、それぞれと少しだけ添い寝をしたり、キスをする時間を作っています。

21:00過ぎ 夜の時間は原稿を書いたり、夫が帰宅して2人で食事をしたり話をしていると、あっという間に過ぎます。時には夫と友人宅のディナーに招かれることも。ただ、スタートがたいてい21時過ぎなので、子どもたちの就寝準備をして出掛けられるので助かります。

21:45 夜、仕事をするのは子どもたちが寝たあと。大好きなシャンパーニュを飲みながら、テンションを上げて原稿を書くこともあります（笑）。日本とのやりとりが直接必要な仕事は時差を考えて午前中に。子どもたちが学校に行っている午後の早い時間にパソコンに向かうことも。

22:20 私の入浴や寝る前のスキンケアは22時過ぎ。でも、日によってさまざまで、夜中の1時に顔を洗っていることもあります……。自分のことはどうしても優先順位が低く、最後の最後になります。

24:00 私の目標就寝時間。24時までにはベッドに入りたいと思っているのですが……。ついつい、遅くなってしまいます。

子どもの衣類は市販の仕切りを利用して整理

「ここにはこういうものを入れようね」と、子どもと相談しながらアイテムごとに収納場所を決めています。たたんで最後にピンと押さえる……が私流。

次女のタンスの引き出し。
小さくてお人形さん用みたい。

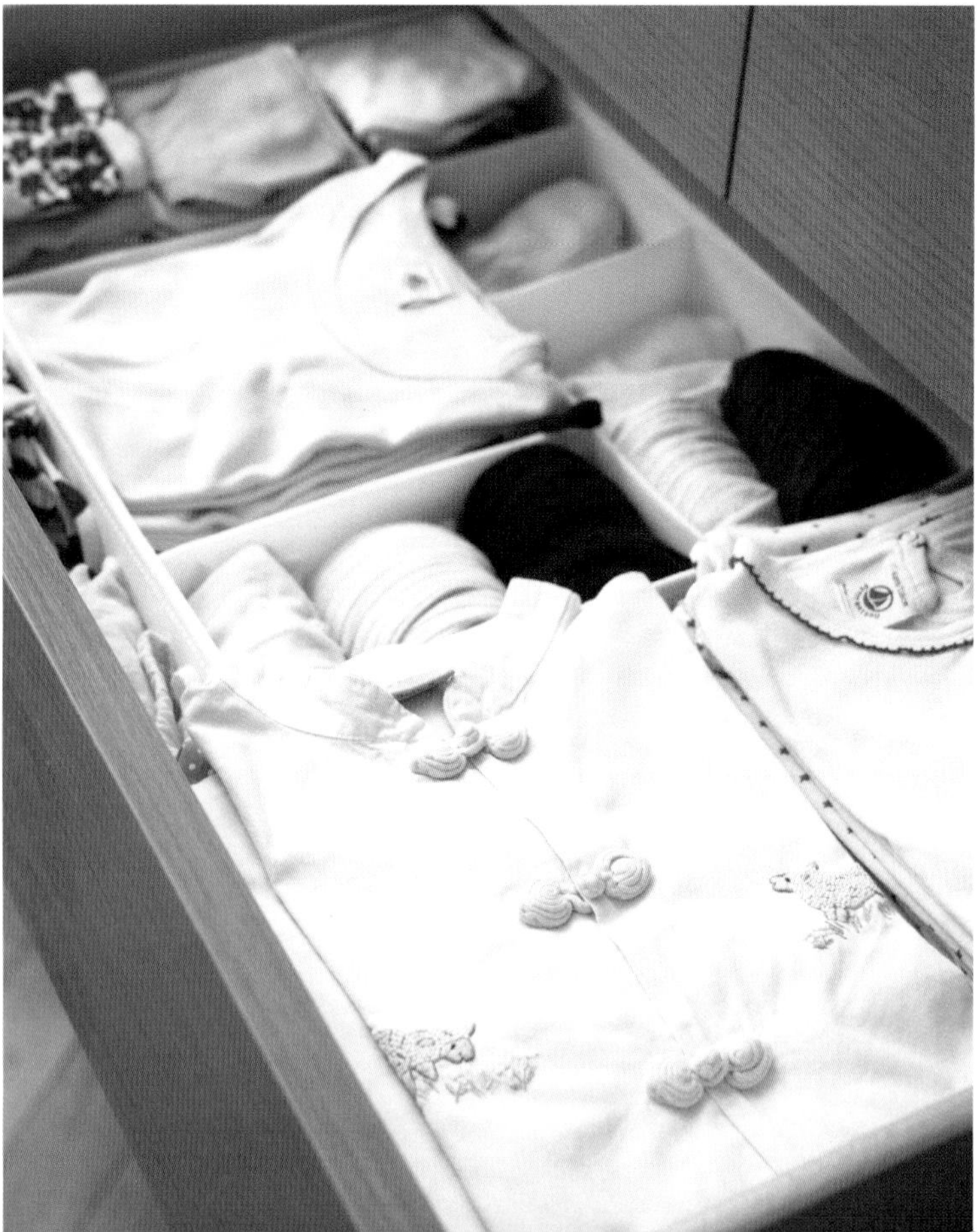

20年来使っているシャツ棚。一番着る頻度が高いものを、取り出しやすい3段分に入れています。

ピンピンに仕上げるシャツ。袖専用アイロンが大活躍!

サングラスは玄関のサイドボードの上に、配色を考えて"見せる収納"。

バルトさんのシャツ類は収納に工夫して整理

おしゃれには細部まで自分なりのこだわりがある夫。
でも、日々の整理整頓は私の担当。毎日のアイロンがけから、こだわりスタート。

たくさん処分。でも……。捨てられない子ども服

数年前、懐かしさと愛おしさで
目に涙を溜めながら子ども服の整理を決行。
それでも、残したものがあります。

左から／膨らんだ袖とスカート。女の子の好きなものが凝縮! 色が美しい息子のオールインワンとニット。私も子どもの頃に着ていたものに似ている懐かしいワンピース。キャミソール、ブルマー、小さなペタンコ靴。

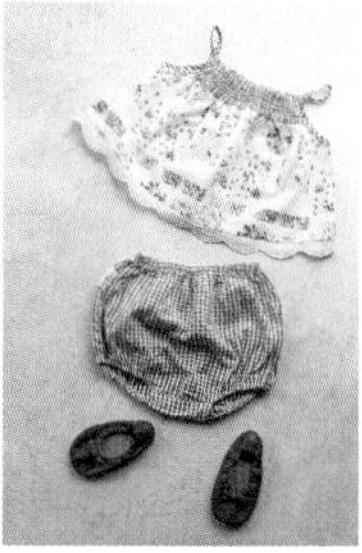

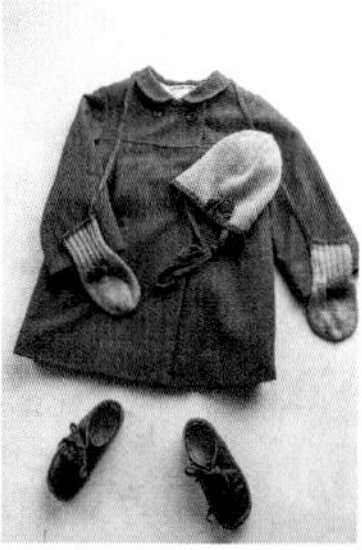

左／親しいスタイリストさんにいただいたミトンは孫まで引き継ぎたい。
右／タカエが愛用したシックなコートと小物。

「もう、小さくて着れないね」と、5歳のタカエ。

フランスはお薬手帳がないので、すべての処方箋をファイリング。でも、じつはこのあと、夫からスキャナーのプレゼントが。今はデータとして取り込んで保存。

上／子どもたちからのメッセージはベッドサイドの引き出しに。

下／処方箋ファイルは家族1人につき1冊。愛犬と愛猫の分も。

私の特技が発揮される!?
書類と思い出の品の整理

学生の頃の私の夢は秘書になること。
当時、秘書検定試験のために書類の整理術も学びました。
私は向いている！と確信したほど整理整頓が好きです。

割烹着と前掛け。日本のスグレモノが毎日の家事の強い味方!

ニットの袖を捲らなくてよいし、服の汚れも気にしなくてすむので
使い勝手がよい割烹着。そして、コレクションしている前掛け。
私の"戦闘服"です(笑)。

上/後ろは上の部分がゴムなので、本来の蝶結びのタイプより、さらに便利。
右/子どもからは「幼稚園のタブリエ(スモック)みたい」と。

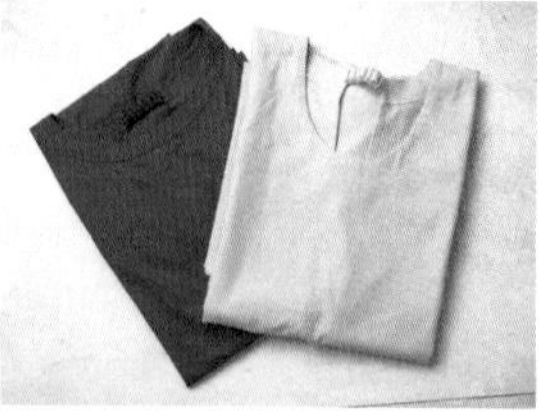

色違いの生成りは丈が長い作り。
「中川政七商店」のもの。

左／紐の色も粋です!
右／漢字アートの世界。

蚤の市で見つけたり、友人からプレゼントされたり。いつしかコレクションに。

上／あっぱれ、富士山!
下／蚤の市の掘り出し物。

愛着のあるカップで
おもてなしの一杯を

中国の知人にいただいたキッチュなカップ。

ブランドにこだわらず、思い出の品や日本のお湯のみなど、
自分たちにとって愛着のあるものでお茶を。
おもてなしの時間の楽しい会話にもつながります。

ソーサーのデザインが違うデミタスカップはパリで1客ずつ集めました。写真立てとお揃いのものは、ひと目惚れして買った最初の1客。白地に藍の線画のカップは長く実家の食器棚の奥にあったもの。実家の建て替えを機にパリに持ち帰って愛用しています。

小ぶりのお湯のみでコーヒーを。ゲストに好評!

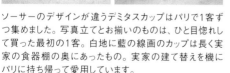

お抹茶はすっと体にしみわたるよう。なんだかほっとします。

白いのは私、茶色のはバルトさんのお湯のみ。木梨憲武さんと安田成美さんの結婚披露宴でいただいた夫婦茶碗です。お茶だけではなく、これでカフェオレをいただくことも。

私のパリの暮らしに欠かせない……。日本のお茶

1日1回はいただかないと落ち着かないくらいお茶好き。
煎茶、ほうじ茶、玄米茶、抹茶、麦茶。
わが家にはいつも日本のお茶があります。

左／巾着袋に入った携帯用お点前セット。
中／湯沸かしポット。お茶ごとのお湯の温度設定や抽出も保温も可能。
右／パリのお菓子はお抹茶にもよく合います。

日本の取材先でひと目惚れして購入。パリの自宅に連れて帰った、問屋さんのように大きなお茶缶。

毎日のお掃除、洗濯、そしてアイロンかけ

ボーッと座っていることができないタイプ。貧乏症!?
お掃除や整理整頓ではほかのことを考えず、
ひたすらそれに没頭できるところが好きです。

とくに好きなのは日々の掃除

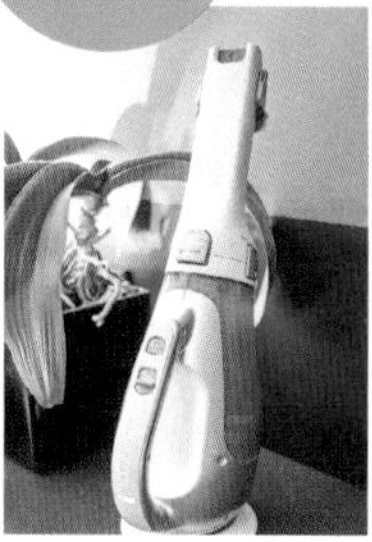

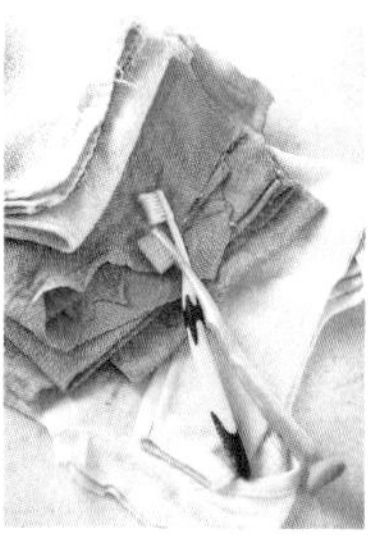

左／毎日の出動は数えきれないハンディ掃除機。
中／古いシャツ利用の雑巾とお掃除用歯ブラシ。
右／床掃除専用の水切りバケツとモップ。

フランスの知恵を取り入れて

左／コットン素材なら、下着にもアイロンを。
右／漂白剤代わりのベーキングパウダーと柔軟剤代わりの掃除用ビネガー。フランスの知恵。

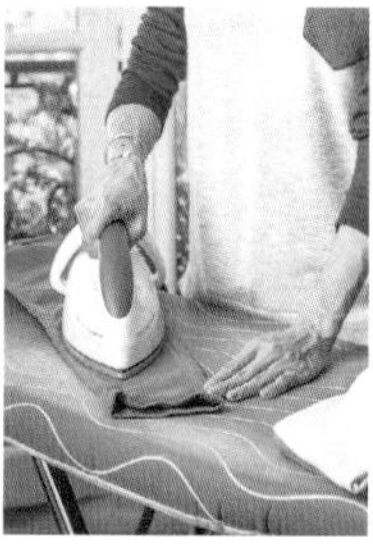

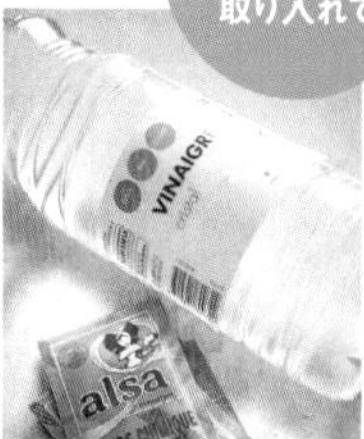

乾燥機にかけてふわふわに

大判、中判のバスタオルと足ふきマットは色を揃えて。7色あって、同じ色、1枚違う色を入れるなどしています。

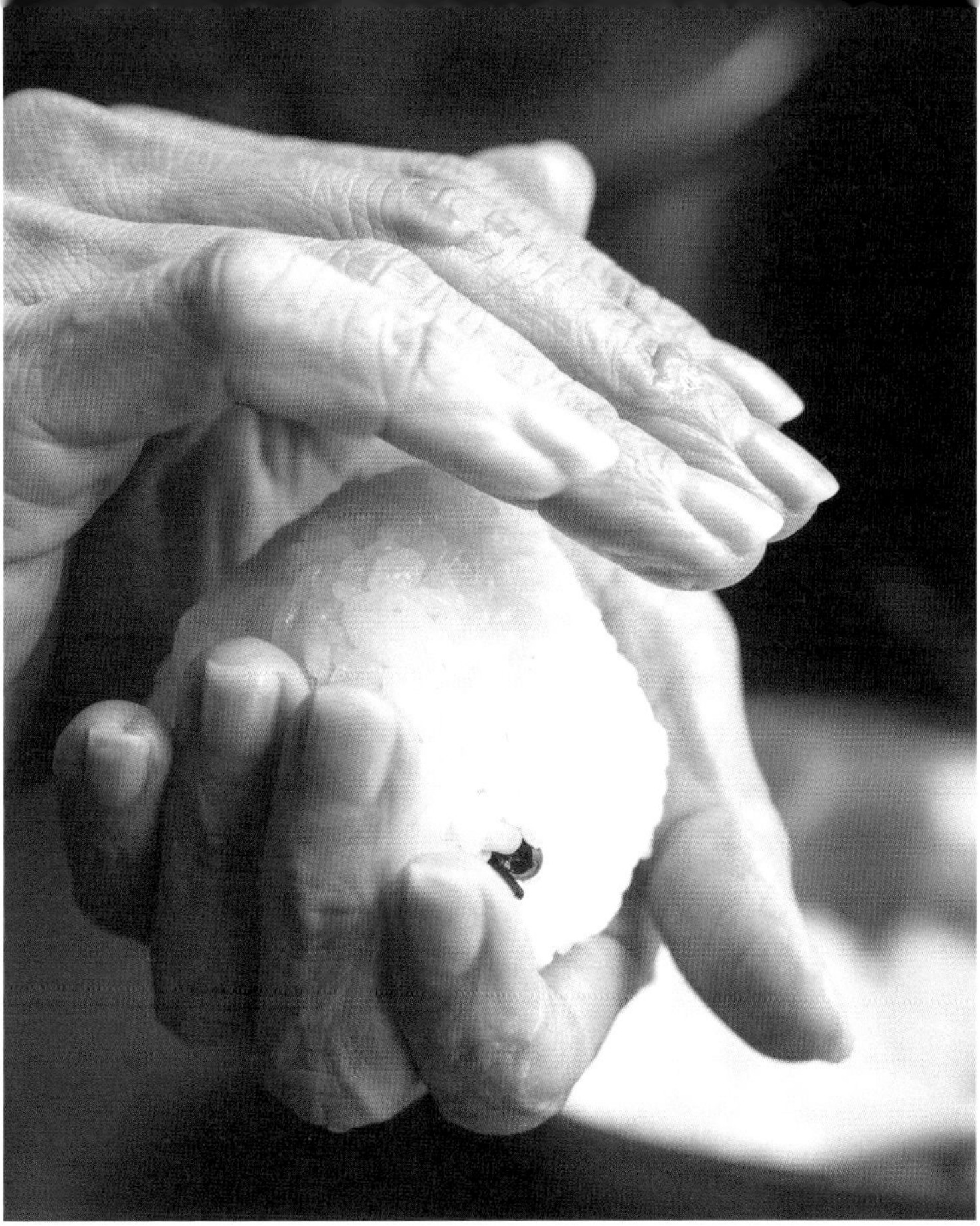

具材はいつも「のりたま」
と昆布の佃煮とおかか、
そして鮭フレーク。

定番のおやつは日本の味
おにぎりとりんご

おやつを持って学校のお迎えに行くのは、大切な日課です。
4合炊いたご飯を、全部にぎって麦茶の水筒と一緒に。
子どものお友達にも人気のおやつです。

りんごは色が変わらない
ように塩水につけて。

わが家の子どもたちの靴下は決まって白!

長女のナツエが幼稚園に行くようになった頃から、ずっとそう。
私のこだわりで靴下は白です。清潔感があって、
足元がキュッと引き締まる気がします。

タカエの通学風景。制服はありませんが、色合いは紺と白という決まり。

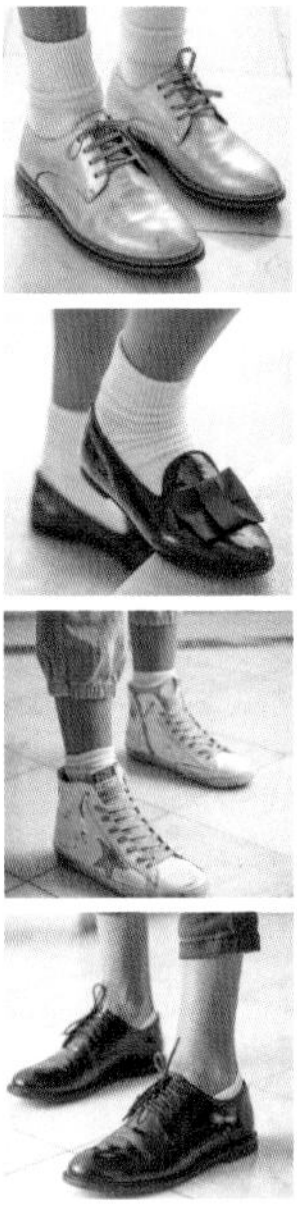

タカエのメタリックな靴やオペラシューズにも。長女のスニーカーや息子の通学用の革靴にも。白い靴下は万能選手です。

Chapitre 3

暮らしの時間

私の好きな割烹着と前掛け

「ママ、何それ？　幼稚園のタブリエ（スモック）みたい」と、初めて着た時は子どもたちがびっくりしていた、おしゃれな割烹着。これがなかなか使い勝手がよくて、コレクションのようになっている藍染めの前掛けとともに、今では私の愛用品です。

パリのキッチンで日本のエプロンが大活躍！

「江里子さん、割烹着って使ったことはありますか？　意外に便利ですよ」「えっ、そういえば私、使ったことがなかった」

そんな知人との会話がきっかけで、パリのキッチンで割烹着デビューしました。

家事をする時は、Tシャツにジーンズか短パンというように、汚れてもいい格好でしていたのですが、割烹着に出合ってからは、洗い物も、また料理中にお鍋のソースがはねるのも気にすることがなくなりました。木綿の割烹着は汚れれば、洗濯機に入れてどんどん洗えばいいので、それこそ出掛ける直前できれいなブラウスやシャツを着ている時でも、安心して家事ができるようになりました。

私が持っているものは、後ろの部分の上がゴムになっているので、パッと頭からかぶるだけなのでとても楽だし、袖口をしっかり覆ってくれるのでニットの袖は捲り上げなくてすんで伸びるのを気にすることもありません。キッチンにいつも置いてあって、割烹着の便利さを今さらながら実感しています。

着丈が腰より少し下ぐらいの短い丈のものと、ふくらはぎぐらいまですっぽりと覆ってくれる長いものと両方を時々で使っています。

自慢の〝プリズン前掛け〟コレクション

また、日本のもので、以前から愛用、というかコレクションのようになっているのが藍木綿の前掛けです。

10数年前、夫と初めて函館を訪ねた折に、彼のフランスの友人情報だったと思うのですが、函館少年刑務所の売店でしか買えないという前掛けを求めて、タクシーを飛ばして行ったのが最初です。前垂れの藍、ストライプのような細い紐の色、白抜き文字のバランスなど、オブジェとして見てもとても素敵で、一所懸命に作られたことがわかるものでした。

以来、紺の前掛けは蚤の市で見つけたりプレゼントでいただいたりするうちに、今ではコレクションのようになっています。この前掛け、最初の1枚が函館少年刑務所のものだったので、フランス語でいう刑務所「プリズン」にちなんで、うちでは「プリズン前掛け」と呼んでいます。

前掛けもそうですが、日本の古い看板や唐傘など、日本にいる時にはさほど気にならなかったものが、夫の視点で一緒に見ると、オブジェとしてもとても魅力的に映って新しい発見です。

とはいえ、本来使うものなので、眺めているだけではもったいない、と、台所仕事の時にも使っています。夫の実家の南仏の義父母の家に持参することもあります。

昨年のクリスマスには、長女と長男がエプロンをプレゼントしてくれました。濃紺のエプロンの胸元には、「Warming！ La chef Eriko cuisine（エリコシェフ料理中!!）」と入っています。うれしいプレゼントで、これも、ずっと大切に使いたい1枚です。

Photo page ≫ 106,107

好きなのはちょこちょこ掃除

お掃除が大好き。ごはんを食べるよりも好き。子どもの頃、テストの前にストレスが溜まると逃げるように掃除をしていたくらいですが、今でも変わっていません。

歯ブラシや古くなったタオルやシャツを存分に使う

整理整頓をいったん始めたら、物がサイズ別にきちんと並んでいないと落ち着かなくてずっとやっていて、掃除もある程度でやめておかないときりなくやっています。潔癖症というわけではないのですが、何もしないで座っているのが落ち着かず、ついつい動いてしまう。貧乏性なのでしょう。でも、お掃除や整理整頓をしている時はほかのことを考えず、ひたすらそれに没頭できるのが好きなんです。

まず、ハンディ掃除機は私の必需品。もう何代目になることか……。充電式で容量があって、しっかりしたものを選んでいます。毎日数えきれないくらい使うのですが、一番出番の多いキッチンが定位置。洗面所の髪の毛、飛び散った鳥のエサ、子どもの部屋のビーズ、そしてエレベーターに落としてしまったゴミなどなど、気が付いたらすぐに出動です。

年末の大掃除やリフォームのあとの掃除などにも燃えますが、日々のちょこちょこした掃除が好き。

お掃除用に使う古いタオルやシャツ、歯ブラシは棚にストック。こまめにする窓拭きに使う古いタオルは、端を切って誰もがお掃除用だとわかるようにしています。

床はキッチンと犬や猫のいるコーナーの床は毎日、ほかの部屋は週に1、2回、モップと水切りのついた専用バケツを使って掃除を。パーティで100人のお客さまを迎えたあとはさすがに汚れがすごくて、熱湯を使ってモップがけをしました。

そして、食洗機の掃除も自分で定期的に行っています。まず、月初めに専用のクリーナーを使って本体を洗浄。フィルターは週に1回取り外して歯ブラシで洗います。

こんなことをしているのが、とても楽しくて幸せです。ちなみに家事は、基本的に手袋はせずに素手で。汚れがきちんと落ちているか、自分の手で確かめたいのです。

Photo page ≫ 110

フランスの家庭の洗濯とアイロン

5人家族の洗濯物は毎日ものすごい量です。朝起きたら、まず、洗濯機を回し始めます。日々の暮らしの中で欠かせない洗濯やアイロンかけですが、フランスでのそれは、日本とは少しばかり違う部分もあります。

お洗濯にはベーキングパウダーとビネガー!?

洗濯物は、本当は日本のように青空のもと、お日さまの光をいっぱいに当てたいところなのですが、パリには「外干し禁止」の規制があります。薄曇りの日も多いので、乾燥機に頼らざるを得ないのですが、私はタオル類以外できるだけ干して乾かすのが好きで、室内用の干し機を使っています。

日本の実家の洗濯機は旧式のものなので、最近の洗濯機のことがよくわからないのですが、フランスの洗濯機の場合、水温設定が20℃から90℃まであります。これは、その昔、釜で衣類をぐつぐつ煮洗いしていた名残でしょうか。高温で洗うのは、消毒の意味もあるようです。もし、子どもが学校でシラミ（！）をもらってきたら、その時は服や寝具のカバー類すべてを90℃で洗うとよいのだとか。

さすがに私は、90℃設定で洗ったことはないのですが、手洗いモードの時は20℃、普段は40℃、とくに汚れがひどい時には60℃で洗濯しています。ちなみに脱水の回転数も何段階かあって、素材に合わせて切り替えられます。

ご存じのように、パリの水道水は石灰分が多く含まれている硬水です。そうすると、白いものがだんだん黄ばんできたり、なんとなくグレーがかってきます。定期的に漂白してもなかなかすっきりとした白さが戻らなくて、どうしたらいいのかしら……と悩んでいた時のこと。夫が「ベーキングパウダーがいいらしい」とインターネットで調べて教えてくれました。フランスの昔ながらの知恵のようです。

以来、スーパーマーケットにある小分けになって売られているベーキングパウダーを使っています。分量はそれこそお好み（笑）でいいのですが、私は白いものをまとめて洗う時には1袋、シャツ2、3枚なら半袋くらいを使っています。

洗濯機に洗濯物と洗剤を入れて、あとはこのベーキングパウダーをぱらぱらと振りかけるだけ。食べこぼしなど用に普通の漂白剤も常備していますが、黒ずみはベーキングパウダーでパキーンとした白さがよみがえります。

水道水がやや難ありだからでしょうか。こちらでは、普通の洗剤とともに欠かせないのが、柔軟剤と排水の際に石灰の成分を除去する洗剤です。こんなにあれこれ入れて大丈夫？　と気になっていたところ、アパルトマンの管理人さんが、この二つの代わりに掃除用ビネガーを入れるといいと教えてくれました。

以来、わが家ではベーキングパウダーと掃除用ビネガーは洗濯に欠かせません。

1・5リットル入りのペットボトルの掃除用ビネガーは1ユーロ（約125円）ほどですし、先ほどのベーキングパウダーも手頃なもの。なにより、両方とも、間違って口に入れても害がないものという安心感があります。フランスの昔ながらの知恵、勉強になります。

アイロンかけは日本の歌謡曲を口ずさみながら

フランス人はアイロン大好きな国民で、たいていの人が洋服やリネン類はもちろん、パジャマや下着や靴下、ジーンズやTシャツ、タオルにまでかけています。高温での洗濯同様、こちらも消毒、殺菌の意味があるのだと聞いたことがあります。恐ろしい量ですが、アイロン好きの私はスタンディングの大きなアイロン台を広げて、80〜90年代の日本の歌謡曲を聴きながら、せっせと手を動かします。無心になれる時間。

家事の中でアイロンかけは好きじゃないという方も多いようですが、アイロンがかかったパジャマやTシャツも気持ちがいいですよ。一度始めると癖になるぐらい！

日本が恋しくて、恋しくて、時にはイラつくし、時にはすごく寂しくなることもあります。そんな時は日本の歌謡曲を聴きながら、アイロンをかけるのが私のホームシック解消法。バタバタの毎日にさらに拍車をかけて毎日を忙しくして、〝寂しい〟という感情を持つ暇がないようにしたりしてみるのですが、まあ、寂しい時には寂しいという感情にどっぷり浸ってもよいのかもしれないと、最近は思います。

以前、落ち込んで、T-BOLANや竹内まりやさんの歌を口ずさみながらアイロンをかけていたら偶然、部屋に入ってきた夫が何かいけないものを見てしまったようにそそくさと退散していきました。鬼気迫るものがあったのかもしれません（笑）。

Photo page ≫ 110

大好きな整理整頓

子どもたちの衣類の整理、夫のシャツ棚の整理、書類や思い出の品の整理……。あらゆる整理整頓が大好きです！

自分なりの工夫を重ねて、見やすく取り出しやすく

117ページでも書きましたが、やり始めたらきりがなく、ずーっとやっています。まず、子どもたちの衣類は、タンスの引き出しに市販の仕切りを駆使して、整理。ブラウスやシャツTシャツ、ソックスやタイツなど、アイテムごとに私なりのたたみ方があって、そのたたみ方でサイズを揃えて入れていくときれいに整います。

夫の毎日に欠かせないワイシャツは白、ブルー系、ブルーに白襟、と分類して棚に収納しています。一番着る頻度が高いものを取り出しやすい3段に。同じサイズにたたんで重ねますが、全部を同じ向きにしてしまうと襟の方が高くなってしまうので、

逆向きに重ねたりしてバランスを取りながら。

長身の彼のシャツやパンツは、出張でよく行く香港の決まったお店でのオーダーメイド。シャツの洗濯とアイロンはすべて自宅で、私がしています。ほんの1、2ミリラインがずれても本人の美学に反するようで、袖アイロンなどで仕上げはピシッと。

そして私の特技がもっとも発揮される（⁉）のが、書類と思い出の品の整理です。じつは学生の頃、私は秘書になるのが夢で、秘書検定3級も受験。書類の整理術を学んだ際には私は秘書向きだ！　と確信したものです。

書類に関しては、役所や銀行、学校関連、医療関連などのものを1枚1枚確認してファイリング。フランスにはお薬手帳はないので、処方箋も捨てずに家族一人ひとり、そして愛犬ピュイックや愛猫オネコの分までファイルを作ってきました。

ある時、友人の妊婦さんから症状の相談を受けて、私の過去の処方箋を見つけてアドバイスすることができたりもしました。

こんなアナログな、でも私にとっては楽しい書類整理が続いていたのですが、昨年、夫が「あなたに最高のおもちゃをプレゼント！」とスキャナーを買ってくれました。

これは本当にうれしくて夢中になって、毎日書類をスキャン。終わったものは夫の会社のシュレッダーで処分する、という繰り返し。膨大な量をすべてスキャンして取り込んで、データとしてパソコンに保存が完了しました。さすがに疲れました……。

私にとっては、思い切らないと、なかなか処分できない思い出の品。子どもの学校のノートはナツエの時はすべてとっていましたが、3人分それをしたら大変なことになるので取捨選択を。基準は私なりの視点で、まとめてファイルに入れて保存です。たとえば、お絵描きなら、だんだんと人の顔とわかるようになったものとか、ABCが上手に書けるようになった時のものなど。最近では詩を学ぶ時に連想するイメージを描いたノートは残して、算数のノートは処分するなどしています。

子どもの工作類はできるだけとっておきたいのですが、素材的に難しいものもたくさんあります。そこで、すべて写真を撮って、パソコン内に子どもたち3人のファイルを作って、その中で整理しています。

私に贈られた子どもたちからのメッセージ類は、ベッドサイドの引き出しに。そばにあると、私自身が穏やかな気持ちになります。子どもたちにとってもうれしいようで、タカエは時々引き出しを開けて見ていたりします。

 Photo page ≫ 102,103,105

捨てられない子ども服

整理整頓が大好きな私ですが、なかなか処分ができないものも。たとえばベビー服や子ども服がそう。それでも7年前、ベビー服や子ども服の大整理をしました。じつはそれまで、「また誰か着るかも!!」と、すべてきれいに洗ってアイロンをかけてしまっていたのですが、もうこれ以上、わが家に子どもが増えることはなさそうと、涙を飲んで整理しました。

子ども服はお下がり大賛成！　6人が着たパジャマ

しまっていたのは、生後から3歳までの3人分の服で、大きなクリアの整理ケースに3個分ありました。もうじき赤ちゃんが生まれる友人に譲ったり、ほかの方に譲るにはどうかな？　と思うものは、袋にまとめて街中の服や靴、バッグなども回収する大きなボックスに投函しに行きました。パリの街ではお馴染みのこのボックス。中のものは修理して再利用されたり、資源になったりします。

子どもの成長は早いので、私は子ども服のお下がり大賛成！ パジャマなどは、アメリカにいる夫の姉のところの姪、甥、わが家の長女、長男、それから私の妹のところの甥、わが家の次女と6人が着ました。よく洗い込まれ（笑）、かなり生地が薄く、柔らかくなってきていましたが、どうしても処分できず大切にとっておくことに。

整理をしていると懐かしく、目に涙を溜めながら片付けをすることになってしまい、結局、夫の「ナツエ（長女）の子どものためにとっておけるものがあるんじゃないの？」というひと言で、いくつかはとっておくことに。

残したものは、まず、アメリカの「SIMI」のワンピース。ふくらんだ袖に白い丸襟、リボン、スカート部分はふんわりたっぷり。まるで、女の子の夢が凝縮されたようなワンピースです。

息子のオールインワンとニット。フランスの主婦が自分の息子のためにデザインしたのが始まりのブランドで、「シリリュス」のブランド名は息子の名前。そして、オールインワンの上に合わせていた「モーリー」のカーディガン。美しい色合いです。

アウターではフランスのブランド「ジャカディ」のシックなコートと小物類。コート、手袋、ポネ（帽子）は色、デザイン、素材のすべてが大人の洋服と同じクオリティで作られていておしゃれ！　イギリスの「スタートライト」の革靴も一緒に。

ナツエの出産の時に親しいスタイリストさんからいただいた、小さな小さなムートンのミトン。子ども3人が大事に使いました。小さいのにすみずみまでとてもていねいに作られていて、孫まで引き継ぎたいと思っている大事なミトンです。

夏の遊び着では胸元のシャーリングと刺しゅうがかわいいノースリーブのワンピース。ベトナムで見つけて購入したもの。私が子どもの頃に同じようなデザインのワンピースを着ていて、どこか懐かしさのあるワンピースです。

「ディオール」のキャミソールとブルマー、「ボンポワン」のピンクのペタンコ靴。このセットで小さなおしゃまさんが出来上がって、娘たち、本当にかわいかった！

大整理をした時、長女はまだ10歳。夫の「ナツエの子どものために……」という言葉に、それって何年後のことだろうと思わず笑ってしまったものです。でも、その長女がはや17歳。保管した子ども服の出番は意外に早く来るのかもしれませんね。

Photo page ≫ 104

フランスの学校風景

今年の秋、次女が小学校を卒業します。思い返せば、入学した時はうれしいことなのに「わが家から、とうとう赤ちゃんがいなくなっちゃった……」とものすごく寂しくて、しくしく泣いていたものでした。

教科書はお下がりや古本屋さんで購入する人も!?

フランスの教育システムは、まだ私にはわからないこともたくさんあります。とくに長女が小学校に入学する時は、一つひとつのことが初めてで訳がわからなくて、日本のシステムがフランスに取り込まれたら素晴らしいのにと思うことも、反対に、このシステムなら日本のママたちは喜ぶだろうなと感じることもありました。

まず、日本と大きく違うこととして、入学式や卒業式、始業式などといったイベントがありません。式典や訓示、校長先生や来賓の方のお話などは一切ありません。

幼稚園や小学校の初日には緊張しながら子どもの手を引いて学校に向かった私。ジーンズにTシャツ姿のママたちに「自由でいいな」と思うのと同時に、日本のように親子でスーツを着て、校門の前で記念写真を撮るのも素敵な1コマなのだけれど、と思ったものです。

始業式も親と一緒に学用品を持って学校へ。クラス分けを見て、担任の先生と簡単な面談をするだけ。その学用品ですが、フランスではこれを揃えるのもひと苦労。当時はまず、筆記用具のフランス名なんてまるで知らなかったので、なおのことです。

たとえば、ナツエの小学校の入学の時に、書類に「Stylo Plume《スティロ プリュム》」とありました。辞書で調べたら、「万年筆」と。「えーっ。小学生で万年筆!?」

きちんとアルファベットが書けるようになったら、ご褒美として万年筆を使ってノートに書くのを許されるとのこと。フランスでは「美しい文字を書くことができる」ということが、大切とされているのです。

余談ですが、フランスでは幼稚園から詩の暗唱があって、小学生では詩をノートに書き写して暗唱します。詩を書いたノートの横のページにはその詩の内容をイメージしたデッサンを描くのです。こういう授業は日本にはないですよね？　フランス語の詩の意味は私にはまったくわかりませんでした（笑）。

"使い回し"のシステムが育む、物を大切にする気持ち

ノートには、教科ごとに学校が指定した色の違うカバーをかけます。また、基本的にはすべての教材やノートにカバーをつけていきます。

文房具店で透明な接着タイプのカバーを購入し、それぞれのサイズに合わせてぴったりと貼り付けていくのですが、これが至難の業！　でも、回数を重ねて私も今ではプロ級ですよ（笑）。

そして、教科書は毎年新しいものを購入するとはかぎらないことも知りました。辞書など数年にわたって使用するものは購入しますが、それ以外の教材は新品を購入する人、上級生から譲ってもらう人、古本屋さんで中古品を購入する人といろいろで、学校内で保護者の間で安く売買することもあります。

次女のタカエも、友人のお嬢さん2人が使ったあとナツエに譲ってくれたものをフェルディノンが使い、さらにタカエに回ってきたという教科書を使っていました。

10年以上が経過していて、最新のものとは内容が多少違うこともあったようですが、

なんと先生は「大きな違いはないから、タカエはこの教科書をそのまま使っていいですよ！」と。大らかです！

学校から貸し出されて、学年が終わったらお返しして次の人へと使い回す教材もあります。新品の教科書や教材を手にする喜びもありますが、1冊を大切に使い、次の誰かに引き継いでいく……。だから教科書に何かを書き込むなんてことは誰もしませんし、基本的にはすべての教材にカバーをかけるのです。

小学校の遠足では、子どもの付き添いで美術館に見学に行ったり、手作りのお菓子などが並ぶにぎやかな学校のバザーも経験しました。ブースが国別になっていた年もあり、日本ブースでは抹茶ケーキや巻きずしなどが並ぶ中、私もいなりずしを持参。

また、フランスでは働くママも多いので、保護者会のスタートはどの学校も18時以降で、先生、生徒、保護者の親睦のための会は「朝食会」。この時間なら親たちは出勤前にちょっと立ち寄ることもできます。子どもたちにとってもうれしい時間です。

子どもを通じて知る〝フランス〟も多くあります。これからまた、子どもたちが上の学校に進むにつれて、新しい世界を知ることになるのでしょう。

子どもの靴下は白が一番！

子どもたちの足元は必ず白い靴下。色物の靴下を穿くことはほとんどありません。思春期のナツエでさえ、私が強制しているわけではないのですが、どんなに今っぽいファッションでも、当然のように白い靴下を穿いて出掛けて行きます。

白い靴下は清潔感と学生らしさの象徴

これはどうしてなのか自分でも不思議なのですが、長女のナツエが幼稚園に通うようになった頃からずっと、わが家の子どもたちの靴下は決まって白、です。女の子のタイツでは、黒、グレー、紺を穿くこともありますが、靴下は白。

最初の頃は「ギャップ」の白い靴下、そのあとはパリで手に入るメーカーのものを買っていたのですが、そのメーカーがいつの間にか白を出さなくなってしまったので、今では日本の「グンゼ」のものをインターネットで調達しています。

フランスのスーパー「モノプリ」の靴下も種類が豊富で丈夫なのですが、白1色のものはあっても丈が短かったり、丈がちょうどいいものには柄が入っていたり、つま先がグレーとか紺になっていたり。結局、日本の靴下が活躍することになるのです。

白い靴下が好ましいのは、清潔感があること。そして上にどんな色を持ってきても足元が白いとキュッと引き締まって軽やかな感じがします。

フェルディノンの学校は紺の服に革靴なので、白ソックスがいいですし、ナツエはいろいろな格好をしますが、足元は白。スニーカーの紐を少し緩めて今どきの格好をしていても、妙にしっかり白ソックスを穿いていたりするので、「ナツエ、それ靴下が見えないほうがいいよね」と、私のほうが気になって言うぐらいです。

考えてみると、大人になると白い靴下ってあまり穿かないですよね。穿くとしても黒とかおしゃれ靴下。白いコットンの靴下は私の中では、子どもならではの清潔感や学生らしさを象徴するもののような気がします。私の背丈をとうに超え、すっかり大人びてきたナツエですが、高校生になった今も、白い靴下、愛用しています。

その様子が私には微笑ましくて、愛おしくてなりません。

Photo page ≫ 112

おやつの定番メニュー

仕事があってどうしてもベビーシッターさんにお願いする時以外、学校のお迎えは私の大切な日課。麦茶の入った水筒と一緒にトートバッグに入れて持って行くおやつは、私自身が慣れ親しんできた日本のシンプルな味です。

最初はびっくり。でも、今や大好評の日本の味

午後4時30分。学校のお迎えには、いつもおやつを持って行きます。

うちの子どもたちはあまりお菓子を食べないので、ほとんどは果物、しかもマルシエで調達したりんごが定番で、皮をむいてカットしたあと、色が変わらないように塩水につけるのは母譲りの習慣です。果物はクレモンティーヌ（みかん）やレザン（ぶどう）になることも。

それにしても、子どもってどうしてそんなにお腹が空いているのかと思うぐらい食

欲旺盛。友達も一緒に食べたりするので、用意していったりんごはすごい勢いでなくなります。ほんのり塩味のするりんごに、パリの子どもたちは最初はびっくりしていたようでしたが、今やおいしいおいしいと大好評です。

学校からそのまま車でお稽古事に送っていく時など、車中での定番はおにぎり。お友達の分も入れて20〜30個、4合炊いたご飯全部を毎週のようににぎっていたことも。手に塩をしてという方もいらっしゃると思いますが、私は炊きたてご飯に直接塩をふります。全体にまんべんなく塩が行き渡るように混ぜているうちに、ご飯がいい具合に冷めてにぎりやすくなるのです。

具材はいつも「のりたま」と昆布の佃煮とおかか、そして鮭フレーク。「のりたま」はご飯全体に混ぜ込んでからにぎります。形は小さめ三角です。

おにぎりは食べやすいように一つひとつホイルで包んでトートバッグに詰めます。ほかにも、バゲットにハムをはさんだり、お友達が多そうな時は、みんなで分けられるようなボンボン（飴）やクッキーの箱を一緒に持って行くこともあります。

わが家はまだ試したことがないのですが、パリっぽいなと思ったのは、バゲットに板チョコをはさんでおやつに食べている子どもたち。たくさんいるんですよ！

Photo page ≫ 111

お茶の時間のこだわり

1日に1回はいただかないとなんだか落ち着かない、日本茶。そしてそんな日本茶をいただくお湯飲みやわが家のおもてなし用のカップについて、ご紹介します。

お茶好きはお煎茶とおせんべいと『銭形平次』が原点!?

明治生まれの曾祖母がいて、大正生まれの祖母がいて、両親がいて私たちきょうだいという4世代家族という実家でしたから、家の中はもう完全に和。大きいおばあちゃまはいつもお煎茶で、一緒におせんべいを食べながらテレビの『銭形平次』を観るみたいな、そういう世界でした。だから日本茶は親しみのあるもので、今でも大好きです。

水を飲むのがいいとわかっていても、私の場合、体質のせいでしょうか、水は量をたくさん飲めない代わりにお茶ならいくらでも飲める。それがいいのかどうかわかりませんが、とりあえず、水分はお茶から摂っているという状態です。

パリのわが家では、子どもたちには1年中、麦茶を作っています。フェルディノンやタカエの水泳の試合がある時や体を温めたい時には、温かいほうじ茶を用意。

タカエは私が飲んでいるお茶は全部喜んで口にしますし、煎茶もお気に入りのようです。バルトさんの好みは玄米抹茶。いろいろな種類の日本茶を揃えていますが、お抹茶もお仕事関係の方に携帯用のお点前セットをプレゼントにいただいたので、点ててみたりしています。

お茶をいただくのは夫と私が26年愛用している夫婦茶碗。番組でご一緒した木梨憲武さんと安田成美さんの結婚披露宴でいただいたものです。日本茶だけでなく、カフェオレをこれでいただくことも。日々のお茶の時間に欠かせません。

おもてなしのカップはブランドより愛着を大切に

来客時やディナーの締めに登場するエスプレッソやコーヒー用のカップ。わが家では高級ブランドを揃えて、というよりも、ちょっとした思い出の品や日本のお湯飲みなど、自分たちにとって愛着のあるものが大活躍してくれています。

ビジネスの相手や目上の方とのちょっとかしこまった場でなければ、カップはいろいろなタイプのものを、その時々に合わせて使っています。

ディナーの後によく登場するのが、白と金銀をミックスさせたデミタスカップ。この1客目は私が20代の頃、母とパリを訪れた時に買ったもので、その後、徐々に買い足していきました。「エドゥワール・ランボー」というブランドです。

また最近好んで使っているのは、中国の方からいただいたキッチュなデミタスカップ。デザインもユニークですが、ホーローのように見えて陶器というところも意外性が！ 小ぶりのお湯飲みでディナーの締めのコーヒーをお出ししたり、実家の建て替えを機に持ち帰った、他界した父の面影が重なるカップも愛用しています。

こんなふうに自分たちが本当に好きなものなら、ブランドとか高価なものにこだわらないのがわが家流。「カフェいる人は？」と友人たちとの食事の最後に、いろんなスタイルのカップを取り混ぜて出すこともあります。すると「何、これおもしろい！」と、逆にそのカップから話が盛り上がることもたびたび。

こんな感じなので、招待客の人数分のお揃いのカップを用意しなくてはという気負いは、すっかりなくなりました。

 Photo page ≫ 108,109

京都で見つけたわが家のお茶碗

家族のお茶碗は日本で購入してきたもの。7年ほど前、京都に行った時に求めたものです。手仕事のよさが感じられるお茶碗に、湯気のたつ真っ白なご飯をふっくらと盛り付ける。白いご飯とお汁のある、そんな日本の食卓はパリでもいつも親しみを覚えるものです。

「これ、全部いただきます!」思わず大人買い

お茶碗に出合ったのは食器の専門店ではなく、仕事でヘアメイクをしていただいた美容院でのこと。店内に京都の作家さんの作品を並べたショーケースのようなものがあって、その中のお茶碗に「かわいい!」と思わずひと目惚れしてしまいました。

フランスではかわいらしい食器というと、「プラスチック製のもの」などのイメージがありますが、これらのお茶碗は色合いや形に一つひとつ個性があってそれぞれに

ていねいな手仕事が感じられます。

こういうかわいらしさというのは、まずフランスでは見かけないと思います。並んだお茶碗に目が釘付けになってどれにしようか決めかねていたのですが、お値段を尋ねると意外にもお手頃。それこそ、万の単位だったら考えますが、たしか一つが千円そこそこだったので、「せっかくだから全部いただきます」と即決していました。

お店の方は一瞬「えっ？」という反応をされていましたが、「かわいすぎます……」と私。そうして、お店にあった6個のお茶碗がわが家の食卓に仲間入りすることになりました。

絵柄は四つ葉のクローバーや小さめに描かれた椿の花だったり。星の王子さまが出てきそうな木立と飛行機や、楽しいピエロ、お姫さまといろいろ。色合いも白地を生かして花の色をポイントにしたものから、全体がふんわりパステルカラーのものまで。

ご飯のお茶碗としては珍しく、どのお茶碗にも外側だけではなく内側にも、物語が紡ぎ出されそうなほのぼのとした絵が施されていて、作り手の愛情が伝わってくるよう。手に持てばほっこりと心が和みます。

手描きの色柄だけでなく、大きさも一つひとつ違っているお茶碗は選ぶ楽しみがあります。というのは、わが家ではどれが誰のお茶碗かはとくに決めていないので。いずれも小ぶりの手にすっぽりとおさまる大きさはかわいらしいかぎり。タカエは女の子っぽい絵柄のものを選ぶことが多いかな。その都度好みの色柄のものを選んでご飯をよそっていますが、息子のフェルディノンには、今このサイズはご飯茶碗としては物足りなくなってしまいました。

でも、器そのものが愛らしいので、ミニトマトやナッツを入れたりしてご飯以外のものを入れるのにも日々活躍してくれています。卵をちゃっちゃと溶く……なんてこともあります。

私にとっては、炊きたての白いご飯はもうそれだけで幸せを感じるほどおいしいのですが、夫はフランス人。新しいおいしさを追求します。

バルトさん流のいただき方をご紹介すると、彼は白いご飯においしいオリーブオイルをたらりとかけて塩少々。こうしていただくのです。

日本人には思いつかない食べ方ですが、じつはこれ、けっこういけますよ。

パリで作るわかめのお味噌汁

4世代一つ屋根の下という家に育ったので、子どもの頃、毎日の食卓にはいつもお味噌汁がありました。そのせいか、私はお味噌汁が好きです。なかでもわかめたっぷりのお味噌汁が。日本食の貴重なパリだからこそなお、白いご飯とわかめのお味噌汁のシンプルさがうれしいものです。

お味噌汁というよりもわかめ汁!? 私のお味噌汁

私がパリに住み始めて日本と行ったり来たりしていた頃、成田空港に着いて実家に電話をすると、母は必ずわかめのお味噌汁を作って待っていてくれました。地味ですけれど、日本に帰って真っ先に食べたいものがそれだったのです。

「お味噌汁の具だったら何が好き?」なんて、話になることがあります。お味噌汁の具はいろいろあって、どれもおいしいと思いますが、私にとってはなんといってもわかめが一番。シャキシャキとした食感があるわかめをたっぷりと入れて、味噌汁というより、〝ほとんどわかめ〟って感じが好きだったりします。

ちなみに、夫は「ああ、日本の香り」と、具なしでお汁だけ味わったりしています。

パリでは生わかめは入手困難。日本から持ち帰った乾燥わかめを大事に使っています。日本では普通に手に入る材料がパリでは貴重なので、母が作ってくれるのと同じというわけにはいきませんが。シャキシャキわかめをたっぷりという母譲りのお味噌汁のいただき方をパリでもしていて、長女もそれが大好きです。

また、お昼に私1人が家にいて、外食でもなく、そんなに凝ったものを作る気分でもないという時、白いご飯とお味噌汁があればそれで十分。たとえば、冷凍してあった残りご飯を温めて鮭フレークをかけて焼き海苔で巻いたりしていただく。そこにわかめたっぷりのお味噌汁があれば、もう大満足。

本当にシンプルですが、それが一番おいしいと思います。

まずはシャキシャキ状態でいただくわかめのお味噌汁ですが、残ったら、翌日火を通して、クタクタにしていただきます。2度おいしい！　という感じですね。

L'art de cuisiner chez soi

Chapitre 4

台所の時間

ワクワク楽しいわが家の カラフルキッチン

数年前にリフォームを決行。色合い、使い勝手、
自分たちで考えてデザインし、「イケア」の売り場に何度も通って……。
納得のいく仕上がりです!

テーマカラーはトリコロールカラーとオレンジ色。
それまで使っていたものと、新しくしたものがなかよく同居しているキッチンは
家族全員のお気に入りの場所です。

ホームセンター「ルロワ・メルラン」のスイッチはテーマカラーに合ったアクセント!

左／家族が住むパリ、東京、NYのリアルタイムがわかる時計。
右上／オレンジに塗った壁にはお気に入りのアートを。
右下／手洗いした食器を立てかける「イケア」グッズ。

隣の空間との間に開けた窓。自然光を取り入れて。

カプセル形の薬入れはリフォーム後も健在。変わらず調味料置きに。

壁がカラフルなので、床と収納部分はグレーで統一。
調理に使う道具の多くは、吊り下げて"見せる"収納です。
楽しい見た目で使いやすさもバツグン!

タイルは専門店で選んだこの3色。
配置も自分たちのアイデアです。

お鍋に最適の回転板式収納は奥行きのあるコーナーを有効利用。

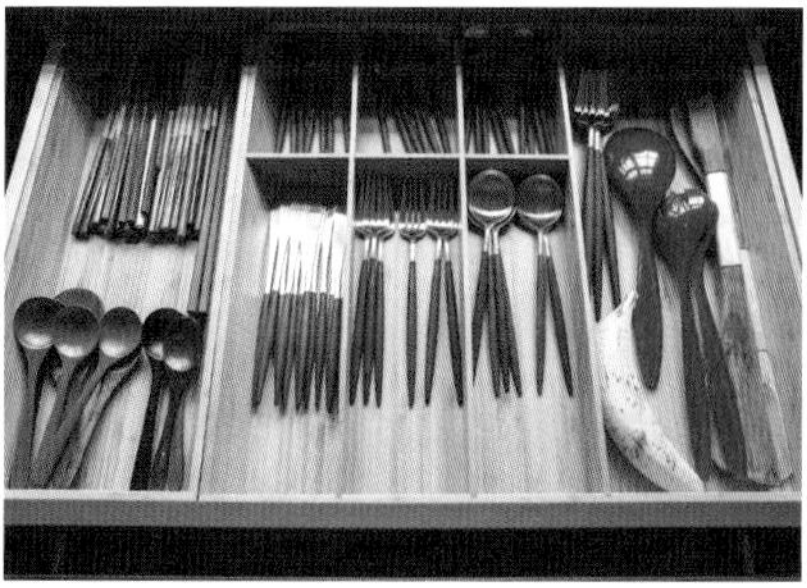

「イケア」の竹の仕切りを使って、カトラリー類はサイズごとに。

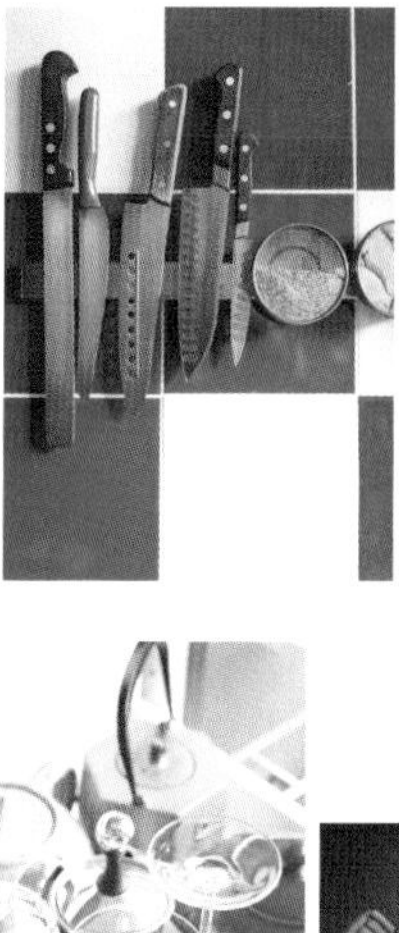

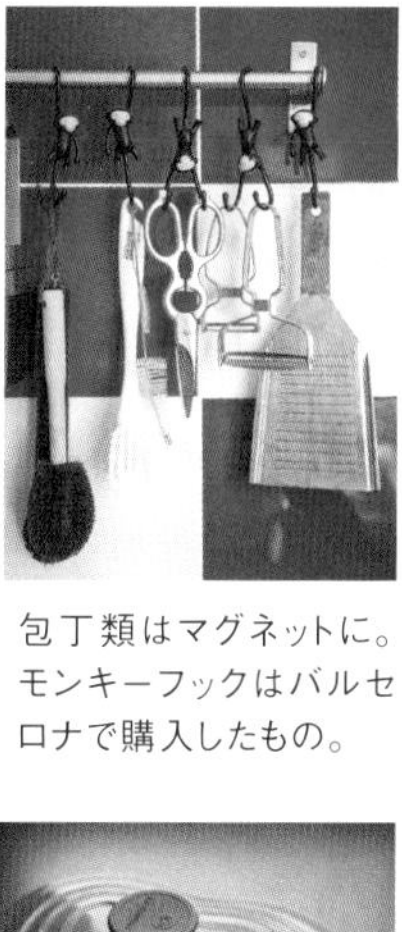

包丁類はマグネットに。モンキーフックはバルセロナで購入したもの。

左／テーマカラーにぴったり!「ザラホーム」のお皿。
右／背の高いグラスも、引き出す収納なら問題なし。

煮込み料理をそのまま食卓に出せる、かわいいお鍋たち。

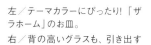

出番はほぼ毎日。キッチンの助っ人たち!

日本で調達して長年愛用しているものから、暮らしに応じてアップデートしたものまで、愛用のツールと味の決め手をご紹介します。

なくてはならないキッチンツール

上／毎朝使う電動ジューサー。上の部分だけ取り外せて、洗うのも簡単。

右／小型のミキサー。上の黒い部分の押し加減で細かさの調節ができます。にんにくやハーブ、豆類にとフル稼働です。

上／長いコルクでも失敗しない「アルコス」のワインオープナー。

左／日本から持参して10年以上愛用する菜箸。

個性がキラリ。シンプル小物

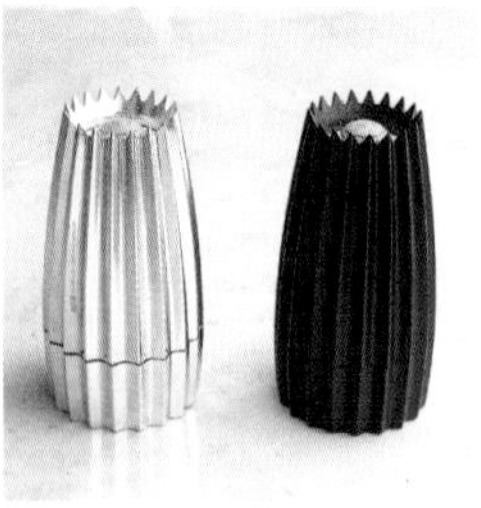

左／バゲットケース。蓋を閉めれば乾燥防止に。

中／「アレッシィ」の美しい卓上用塩こしょう入れ。

右／中央のマグネットで2本の棒を固定する鍋敷き。

フランス「ゲランド」の粗塩と日本の塩は「ろく助」、「鎌倉ソルト」。料理によって使い分けます。

わが家の味の決め手。調味料

マスタードは左の「アモラ」と「マイユ」の微妙に味わいの違う粒マスタード二つ。

料理に直接かけて風味を楽しむオリーブオイル。

ドレッシングや料理全般に使うオリーブオイル。

バターは、左上がパンに塗る粗塩入り。ほかの有塩と無塩は料理やお菓子作りに。

好きなものを少しだけ。そんなわが家の食器棚

おもてなしはシンプルで
良質の食器で。

家族の食事はキッチンでするので普段使いの食器はシステムキッチンの引き出しが定位置。お客さま用の食器はダイニングに収納しています。

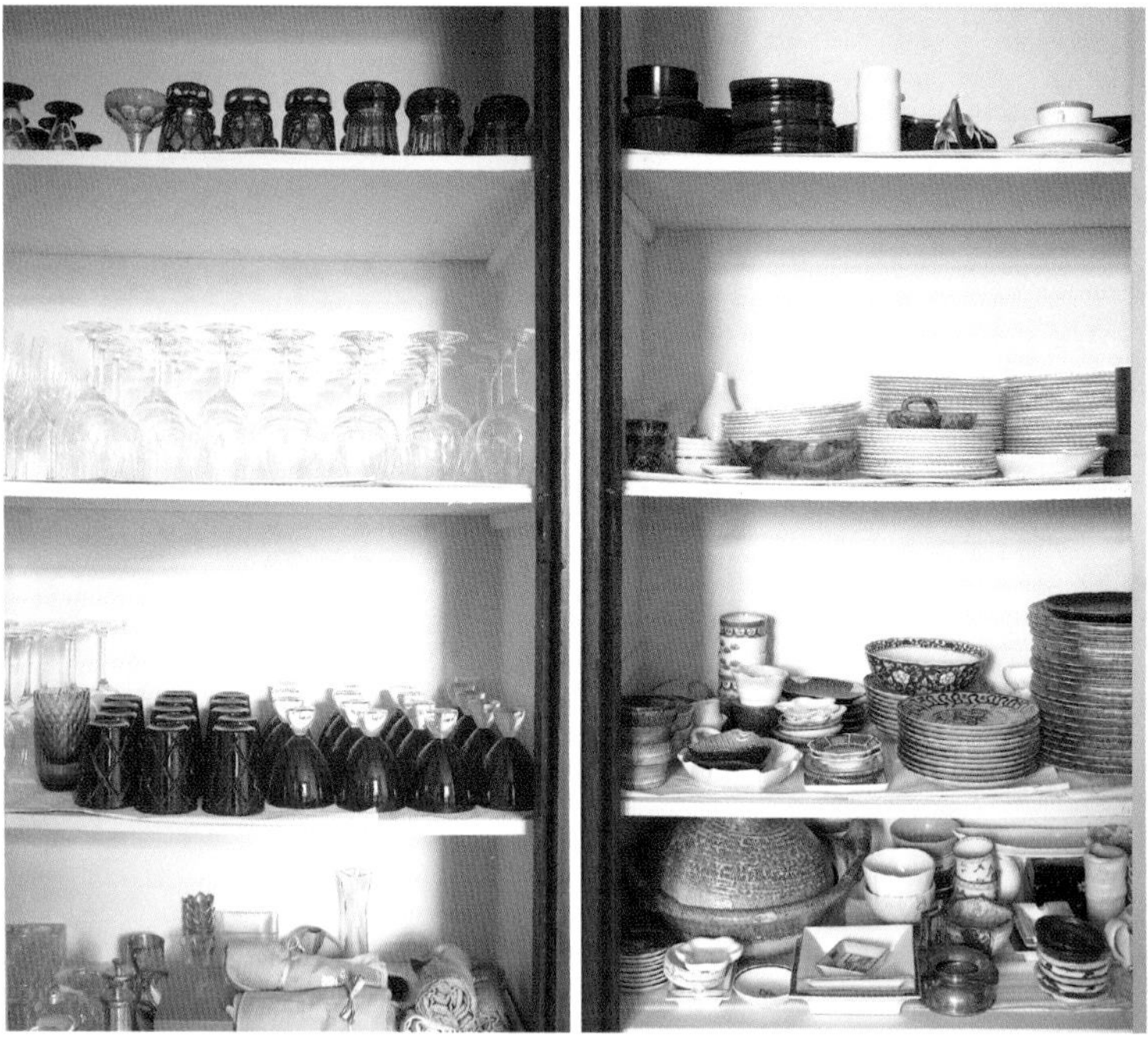

ダイニングの出入り口のドアをはさんで、左右に赤い扉の食器棚があります。
右の棚にはお皿類、左の棚にはグラス類を収納しています。

グラス類は食洗機ではなく、手洗いします。

上／赤・白ワインとシャンパーニュ用グラスは「リーデル」。
下／プラスチックには見えないカットグラスは普段使いに。

家族の普段使い用には楽しいお皿を。149ページの引き出しに収納。

右下／日本から持ち帰った和食器もおもてなしの席で活躍します。
左下／白地の縁に少しだけ銀のライン入りの「ウエッジウッド」のシリーズ。

シャンパーニュやワインに。わが家の簡単おつまみ

食事の前のおつまみは、胃の負担にならない軽いものを。
よい食材をシンプルに和の器を使って
プレゼンテーションします。

フランスのディナーのおもてなしは、まずアペリティフ（食前酒）から始まります。わが家ではお客さまがいらっしゃったらサロンにお迎えしてシャンパーニュで乾杯。自宅でのディナーなら、そのあとダイニングに場所を移して食事に。外のレストランで食事をする場合でも、まずは、わが家でアペリティフをしていただいてから向かいます。

合わせるおつまみにはミニトマトやラディッシュ、季節のフルーツやナッツ類など、気軽に手でつまんで食べられるものを用意。一つひとつ器に入れて、子どもたちが持って、お客さまのところを回れるくらいの感じにします。

アペリティフタイムにフォアグラなどをしっかり食べて、ディナーはメインディッシュからスタートというお宅もありますが、わが家ではそれでお腹がいっぱいになってしまうような食事系のものではなく、シンプルなものを心がけています。手軽で簡単、でも喜ばれるコツは、よい食材を調達すること。素材のよさがなによりのごちそうです。

材料

＊私がよく用意するもの

・ラディッシュ（おいしい岩塩を添えて）
・メロン
・生ハム
・ブルーベリー
・ナッツ類（アーモンドやカシューナッツ）
・ミニトマト

シャンパーニュと好相性のブルーベリーやマルシェのカラフルなミニトマトは、手のひらサイズの素朴な焼き物の器で。ラディッシュは形を整えて漆の器に盛り付け。

マルシェや「ル・ボン・マルシェ」で調達したおつまみを、塗りや焼き物の器に盛り付けて。

メロンはひと口サイズに切ってシンプルな角皿に。

金のお皿でおめかししたのは、塩気でお酒が進む生ハム。

「ル・ボン・マルシェ」で買ったナッツ類は塗りのお盆で。

家族の好物!
くり返しのバナナケーキ

子どもたちが大好きなケーキ。
バナナの甘みがとろりと口いっぱいに広がります。
ポイントは、完熟したバナナを使うこと!

私自身もともとバナナケーキが好きなのですが、以前は街で見かけたら買うくらいで自分で作ることはしませんでした。けれども、パリには意外とバナナケーキというものがなくて、4、5年前から家で作るようになったら、これが大好評。うちの子どもたちは、甘いものにはじつはあまり興味を示さないのですが、このバナナケーキは例外。好きとなると、こればかり毎日でも食べたがるほどで、実際、毎日のように作っている時期もありました。

季節によって中身を薄切りのりんごにしてもいいし、粉をふるう必要もない手軽なレシピ。材料を用意していたら、この日はなんとタカエがエプロンと帽子をつけて登場。どちらがシェフかわからなくなってしまいました……。

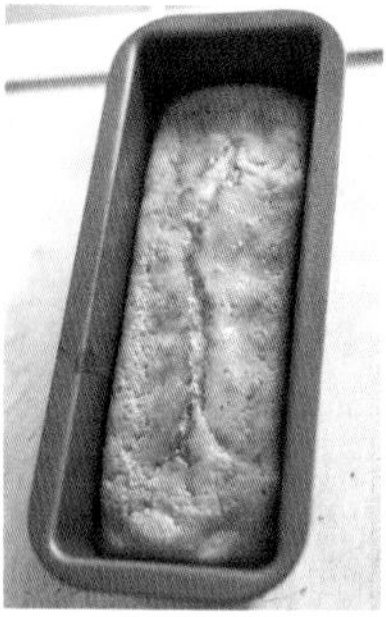
焼き上がると、甘い香りがキッチンに広がります。

材料

＊ 26×9.5×7.5cmのパウンド型1台分

バナナをつぶすのは
タカエがお手伝い。

- 完熟バナナ …… 2本
- バター …… 70g
- 砂糖 …… 80g
- 薄力粉 …… 150g
- ベーキングパウダー …… 小さじ2
- 卵 …… 2個
- 牛乳 …… 適量

作り方

1. バナナをカットし、フォークなどでつぶす。
2. ボウルに溶かしたバター、砂糖を入れて混ぜ、溶いた卵も加えて混ぜる。
3. オーブンを180℃に予熱する。
4. 薄力粉にベーキングパウダーを加え、2に加えて混ぜる(粉をふるう必要はなし)。
5. つぶしたバナナを加えて混ぜる。
6. 牛乳を加減しながら、加えて混ぜる。すくうと、とろりと落ちてくるくらいが目安。
7. 型の内側にバター(分量外)を塗って6を流し入れる。
型ごとトントンと軽くテーブルに落としながら空気を抜く。
8. 生地の表面にナイフで縦に線を描くように筋を入れる。
9. オーブンで35～40分焼く。

もう気持ち長く焼きたかったのですが、タカエが待ちきれなくて。

「焼けたら、おやつにしようね」、2人でいろいろな話をしながら、キッチンに立ちます。

思い立ったら作れる、私のガトー・ショコラ

ボウル一つで作れておいしい！　後片付けもラク（笑）。

よいところだらけのケーキ。

少しずつ残った食べかけのチョコレートも一掃！


「お誕生日のケーキは何がいい？」と子どもたちに聞くと、いつもリクエストされるのがこのチョコレートケーキ。

もともとは、フランスの本か何かで見つけたレシピを参考にしたものですが、お砂糖を減らしたり、自分なりにいろいろと試してみた結果、この分量になりました。

卵を泡立てたり、粉をふるいにかける必要もなく、使う道具も手間もとにかく最小限というのがこのレシピのよさ。ある晩などは、「ママ！　明日ガトー・ショコラを2個、学校に持って行かなきゃ」と突然言われ、たまたま冷蔵庫に材料があったので、それで作って翌日の学校行事に持って行かせたりしたこともあるほど。バルトさんの食べ残した板チョコを入れてしまうこともあります。

ブログに紹介したところ、「チョコレートケーキがこんなに簡単にできるとは思わなかった」と、反響が大きかったレシピでもあります。

材料

＊直径22cmの丸型1台分

- チョコレート……200g
- バター（食塩不使用）……200g
- 砂糖……200g
- 卵……5個
- 薄力粉……大さじ1

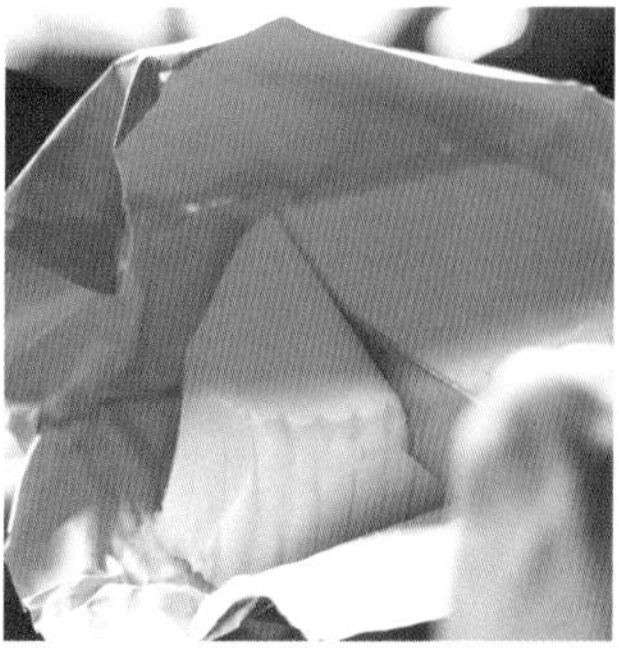

おいしいバターをたっぷり使います。

作り方

1. オーブンを190℃に予熱する。
2. 耐熱ボウルに粗く刻んだバターとチョコレートを入れ、約2分、電子レンジ（500W）にかけて溶かす。
3. 2が液状になったら砂糖を加えながらよく混ぜる。
4. 別のボウルに卵を割り入れて、カラザを取り除き、混ぜる。
5. 4を3に加えて、すくうと、糸を引くようになるまでしっかりと混ぜる。
6. 薄力粉を加えて、さらによく混ぜる。
7. 型に流し入れる。
8. オーブンに入れ、約20分焼く。竹串を刺して何もついてこなければ焼き上がり。外はサクサク、中はしっとりした状態が目安。

翌日しっとりした状態をいただく場合も、冷蔵庫には入れずに常温で。ホイップクリームやアイスクリーム、ベリー系の果物を添えてもおいしいです。

食べ残した板チョコなどを足しても大丈夫。卵はカラザを取り除くのが私流。

私の愛用のカート。これでいつも大量の買い出しを!

フランス人の暮らしに欠かせないのがマルシェ

多くの人が利用するマルシェ(市場)。野菜や果物、肉や魚、乳製品やパン……。新鮮でよい品が揃ったマルシェは食卓の強い味方です。

パン好きの私にはなかなか素通りできない、焼きたてパンのお店。

生花や新鮮なチーズのお店、いろいろな種類が揃ったりんごの専門店など。見ているだけでも楽しいです。

Chapitre
4

台所の時間

カラフルキッチンのある暮らし

数年前、キッチンの大規模リフォームを行いました。

わが家は賃貸ですが、オーナーさんからお許しをいただき思いっ切り改装しました。

これまでは壁の色を変えるぐらいだったのですが、数年前には水回りの問題も出てきたこともあり、大規模リフォームを決心。

1日のほとんどを過ごすキッチンを居心地よく

キッチンは、長い時間を過ごす私にとってはもちろん、家族にとっても、食事をしたり、料理中の私にそれぞれが話しかけてきたり、子どもの友達が遊びにきたりと、大切な場所。リフォームに際しても、楽しくて居心地のいい場所を心がけました。

まず、赤、白の配色だったキッチンの色合いを、赤、白、青、オレンジをテーマカラーにして、グリーンをポイントカラーに、壁や床の色をがらりと変えました。

機能面では、ガスコンロ、食洗機などはそれまでのものを生かしつつ、シンクや収納部分には「イケア」のカスタムメイドキッチンを導入することに。

間取りの面では、キッチンから廊下への通路のようにしていたコーナーを一つの空間として使えるよう、壁に開口部を設けて自然光を取り込めるようにしました。

ここは、愛犬ピュイックと愛猫オネコのくつろぎスペースとなっています。

色合わせを楽しみつつ、使い勝手を追求

デザインは夫と2人で考えました。塗料専門店で色見本を見せてもらい、サンプルを買ってきて実際に壁に塗ってみて、配色と什器類のレイアウトを決定。

ガスコンロの前に貼るタイルも、専門店で赤、白、青をチョイス。その配置も自分たちで決めました。スイッチやコンセントカバーの色もテーマカラーに合ったものを発見！ DIYがさかんな国だけあって、資材も充実しています。

また、もともと「イケア」のキッチンの充実ぶりは知っていましたが、取っ手の色、引き出しのサイズ一つとっても、本当にたくさんの選択肢があって、わが家の寸法を測ってお店に行ってはアイテム選び。ぴったりはまるはずが1、2ミリの差で扉が開

かず、また取り替えに行ったりと、何度も通ったので、店内を案内できるくらい売り場には詳しくなりました（笑）。

キッチンには、家族の普段使いの食器を収納していますが、引き出し式の収納は、背の高いグラスを収納できますし、お皿の種類もひと目でわかって取り出しやすい。幅は狭くても、奥行きのあるスペースを有効利用した、回転式のお鍋の収納も気に入っています。入居時にはレンジフードの内側におさまるサイズの換気扇がなかったのですが、リフォーム時にはぴったりのものができていて、新設しました。

整理整頓が好きな私ですが、「イケア」は整理小物も充実していて、手洗いした食器をちょっと乾かすために立てかけるグッズや、引き出し内のカトラリー類を分ける竹製の仕切りなど、いずれもシンプルで使い勝手がいいと感じています。

いろいろ新しく楽しくなったキッチンですが、夫が結婚前からコレクションしている日本の古い看板や、パリ、東京、ニューヨークと、お互いの家族が暮らす三都市のリアルタイムがわかる三つの時計などは、変わることなくキッチンの顔です。変わるものもあれば、変わらないものもある……。そんな暮らしを楽しんでいます。

Photo page ≫ 146-149

わが家のキッチンの必需品

食べ盛りの子どもたち、そして彼らのお友達もわいわい集うわが家のキッチンですが、朝から晩まで大半の時間を過ごす私にとっては、いわば基地。

子どもたちが成長してそれぞれの部屋が必要になり、パソコン作業をする部屋を追われた私は、最近では仕事もキッチンで……。ますます基地化する一方です（笑）。

キッチンでフル稼働するもの、常備するもの

さて、そんなキッチンで朝一番に使うのがジューサーです。夫と私はレモン、子どもたちにはオレンジを搾っていただくのが毎日の習慣で、以前は手で搾るタイプのものを使っていたのですが、使いすぎて壊れてしまい、電動マシーンにアップデート。

手動のものだと、一所懸命搾ったつもりでも搾り機の中に果肉がけっこう残っていましたが、今は最後の一滴まで搾りきれるので無駄がありません。

そして、フランスの一般家庭では馴染みがなくとも、わが家の台所に欠かせないのが菜箸です。たとえば卵を攪拌する時に、フランス人はフォークや泡立て器を使いますが、私は必ず菜箸。クレープを焼く時も、野菜を炒める時も菜箸というように、完全に日本式です。

このほか、にんにくやハーブを細かく砕く小型ミキサーやいろいろ試して辿り着いた失敗しないワインオープナー、マグネット式の2本の棒を広げるシンプルな鍋敷き、木製のペッパーミル、乾燥を防ぐバゲットケースなどなどがキッチンの顔です。

また、とくに凝ったことをしなくても、マルシェなどで調達した良質の食材を、シンプルに料理するだけでごちそうになるのがフランスの食卓。ただ、味の決め手となる調味料にはこだわって、家族が好きなものをいろいろ常備しています。

オリーブオイル、塩、マスタード、バターなどは料理に応じて使い分けたいので数種類。お塩は日本のものもいくつか常備しています。日本のだしも必需品。

日仏、新旧いろいろなものがなかよく同居していますが、私にとってはどれもなくなると「えっ、どうしよう！」と思ってしまう、欠かせないものばかりです。

Photo page ≫ 150,151

わが家の食器棚

わが家の食器を収めている場所は2か所。家族の食事はキッチンでするので、普段使いの食器はシステムキッチンの引き出しが定位置ですが、お客さま用の食器はおもてなしディナーの場所になるダイニングに収納しています。

今の生活風景に合わせた食器選び

●おもてなしには上質で飽きのこない白×シルバーの器

お客さま用の食器として揃えたのが、「ウエッジウッド」の白いお皿。周囲にほんの少しだけ銀のラインが入ったシンプルなシリーズで、前菜、メインディッシュ、デザート用の各3種類と、スープ用に少し深みのあるタイプを揃えました。

傷が入ったら同じものを買って補充して、最大14人のディナーに対応できるようにしてあります。

白いお皿はどんなお料理にも合うのと、個性的な和食器と一緒にテーブルに並べても、程よいアクセントになって、スタイリッシュに溶け込むと思います。

●グラスは使い回しがきくシンプルで大ぶりなもの

赤・白ワイン、シャンパーニュ用に愛用しているのは「リーデル」のグラス。口をつけた時の心地よい厚みなど、よく考えられたフォルムだと思います。大ぶりですし、大切に扱いたいので、食洗機ではなくディナー後はすぐに自分で手洗いします。

美しいグラスを保つにはほんの少しだけコツがあります。

まず、仕上げは熱めのお湯ですすいで、広げた布巾の上に並べて置きます。乾ききる前に脚と本体用に両手に2枚、麻の布巾を持って、水滴の跡や毛羽を残さないように拭き上げます。

●日々の器は食洗機ガンガンOKの明るい色を選ぶ

家族の普段使いには、わが家のキッチンの壁の色合いとも合う「ザラホーム」のシリーズやスイカの色と形をデフォルメしたもの、ポップアートのデザインの食器を。

カラフルで食卓が明るくなるもの、食洗機に入れられることがポイントです。

子どもが小さいうちはプラスチックの食器を活用していましたが、もう気をつけられる年齢になったので、それらは使ってくださる方に譲って処分しました。ただ、プラスチックの白いカットグラスだけは好きで、今でも大切に使っています。

●洋食器ともマッチする大切な和食器

日本から持ち帰った器もおもてなしのテーブルで活躍しています。妹の夫のママの作品である大鉢には煮込み料理やサラダを入れて。プロではありませんが、東京ドームの展覧会で最優秀賞を取るほどの腕前です。

昔、母と妹と旅した先で、母が3人お揃いで買ってくれた薬味入れは、お料理にマスタードや塩を添えたりしたい時に便利。

夫と2人で工房を訪ねたこともある坂田甚内さんの作品は、波の模様のシリーズを持っています。大好きで、ラディッシュを盛り付けてお客さまにお出ししています。

そのほかにも塗りのお皿や鉢物など、まだまだ出番は少ないけれど和食器は大好きです。これから時間をかけて少しずつ増やしていきたいと思っています。

 Photo page ≫ 152,153

フランスの台所、マルシェで食卓を豊かに

フランスの暮らしを語るのに欠かせないことの一つが、マルシェ（市場）。もちろん、スーパーマーケットもあるのですが、フランスでは野菜や果物、肉や魚、チーズなど新鮮で品揃えのいい地元のマルシェを利用する人が多くいます。

毎日開いているマルシェもありますが、曜日や時間がかぎられているマルシェも多く、地元の人たちは予定をやりくりして、食材を買いに足を運びます。

「おつかい」の楽しみを思い出す、懐かしい存在

マルシェ内のお店は「スタンド」と呼ばれ、どのスタンドもりんご1個、トマト1個からバラで買えて、フランスの食の豊かさをダイレクトに実感。積んでいる商品から、切り分けて味見も気さくにさせてくれます。懐かしくて温かくて、昔は日本にも多くあった商店街におつかいに来たような気分になるんです。

今はインターネットで何でも買える時代。確かにそのほうが時間の短縮にもなるのですが、食べるものはじかに触れて、自分の目で見て買いたいと思っています。ですから、マルシェは私の日常には欠かせなくて、行きつけのマルシェが立つ週に1度か2度、子どもたちが登校したあと、カートを引いて買い出しへ。

野菜、果物、ジャンボン（ハム）など冷蔵庫にいつもあってほしい食材は、ここで調達。冷蔵庫を満杯にしておいても、3人の子どもたちは育ちざかりで食べざかりの上に、子どもの友達も遊びに来ておやつやランチをすると、「えっ、あれもうないの？」というぐらい消費の速度は速くて、うれしい驚きです（笑）。

時にはスーパーで買い足したりもしますが、「ママ、これいつものお店のじゃないでしょう？」と鋭い質問。味が違うのですね。よくわかっている！　よい素材は手の込んだ料理をしなくても、たとえばトマトは切ってそのまま、インゲンなどもゆでるか蒸してオリーブオイルとお塩をかけただけで、子どもたちも十分に満足です。

マルシェでフランスの旬を感じる

八百屋さんのスタンドでは、食後のデザートの定番である季節の果物を調達。

春の訪れとともに出回るフランス産のいちごや桃の種類も豊富です。日本にはない種類の平たい形の桃など、果汁がたっぷりで甘くておいしい。私は3人目の出産後、アレルギーで食べられなくなってしまい、残念です。どれも、いただく予定の日を伝えると、それに合わせて食べ頃のものを選んでくれます。

4、5月の3、4週間という短い期間だけに出回るアスパラソバージュという野菜も人気。つくしに似た野菜で、ヨーロッパに自生する山菜です。

パン好きの私が素通りできない焼きたてを扱うパン屋さん、人気のチーズ屋さん。切り花が山のように積まれて圧巻の花屋さんでは、ざっくりと束ごと買って帰ります。

プロのアドバイスに感動する専門スタンド

家族みんなが大好きなりんごの専門店は、10月から6月いっぱいの営業。つまりりんごが旬の季節に、自然の状態で保存されたものだけを扱っています。種類が多くて甘いのがいいのか、酸味のあるのが好みか、また、コンポートにするならこの品種と用途によってアドバイスしてもらえますし、味見しながら選べます。

また、野菜とともにさまざまな種類のじゃがいもを扱うお店も。その名も「バー・ア・

パタート」、「ジャガイモバー」という店名。すべての野菜がおいしくて、プロの料理人も通うスタンドです。じゃがいも一つでも、味だけでなく粘り気があるとか、火の通り方の違いなどから用途別に使い分けるのがフランス。

私はこのスタンドのおかげで、ピュレ（マッシュポテト）、ソテー、あるいはポタージュに使うなど、目的に合わせてじゃがいもを選べるようになりました。

イタリア食材の専門店では、ジャンボンとソシソン（ソーセージ）を。子どもたち用に味のあまり濃くないものを薄くスライスしてもらいます。そのままちょっとつまんだり、サンドイッチやパスタに入れたりすると、最高！ ディナーのアペリティフ用の生ハムもこちらで購入します。

ドライフルーツの専門店では、おやつ用に南仏のアジャン産のプルーンを。このお店のアプリコットや干しぶどうもおいしくて、実家の母も甥っ子たちもファンです。

マルシェは、旅のおみやげに喜ばれるようなものも多いので、機会があったら、ぜひ、出掛けてみてください。その時は、「ボンジュール（こんにちは）」「メルシー（ありがとう）」というお店の方への挨拶を、笑顔を添えてできれば喜ばれますよ！

 Photo page ≫ 160

〝食〟の国のお昼ごはんと夜ごはん

ご存じのようにフランスは本当に〝食〟が豊かです。フランスの食事＝ソースたっぷりとか、毎夜、フルコースをいただいているとイメージされる方も多いようですが、まーったく違います！　いえ、もちろん、伝統的なフランス料理のお店などではクリームたっぷりのソースがサービスされたりしますが、私などはそういう食事をするのは１か月に１回あるかないかです。

手抜き料理が一番のごちそう⁉

わが家の日々の食事は、超手抜き料理。マルシェで調達したおいしい食材があれば、あとは蒸す、焼く、煮込むだけ。味つけはガリガリッと削った塩、こしょう、たっぷりのハーブ類やちょっとのブイヨンだけでいいのです。

ただ、調味料は１６６ページでご紹介したように家族の好みの味を揃えています。

2016年の日本の農林水産省のデータによると、フランスの食料自給率はカロリーベースで約130%。マルシェに並ぶ野菜や果物は、見かけは不揃いのものが多いのですが、鮮度はよいものばかり。旬の本物の味をいただくことができます。酪農もさかんなので、乳製品もおいしい。お魚は日本よりも少し高いのですが、逆に牛肉をはじめ、肉類は安いように感じます。野菜や果物も同様です。

わが家で人気の手抜きメニューは、夏なら、赤肉のメロンやおいしい野菜のサラダにお気に入りのお肉屋さんのハム、バター、チーズ、バゲット、大人は冷たい白ワインやシャンパーニュ。休日の午後、アパルトマンの中庭で夫の会社の方も一緒にいただくこともあります。

冬は、かぼちゃなど野菜の温かいポタージュにポトフ、蒸し野菜にオリーブオイルをちょろっとかけたものを。お腹も心もほっと温かくなる食卓です。

そうそう、子どもが生まれる前の夫婦2人のお気に入りのメニューがありました。それは「夜にプティデジュネ（朝食）」というもので、夜に焼きたてのパンとバターとハムとジャム、フロマージュ（チーズ）での食事です。もちろん、シャンパーニュとワインも忘れずに（笑）。いかにもフランス！　という感じでしょう？　ものすごい手抜きでしたが、２人とも大満足！

食事は栄養バランスが大切。でも、それ以上にその時間をいかに豊かに楽しくできるかだと思います。そんなに手はかけられなくても、心とお腹の両方を満たす食卓を用意したい、そう考える毎日です。

さて、フランス人のディナーの締めには欠かせないフロマージュ（チーズ）について。ある時、友人宅でのディナーの席で「ところで、エリコ。日本にもフロマージュはあるの？」と、聞かれました。

日本にも手軽に買える日本のメーカーのチーズがあること、フランスをはじめ、海外のフロマージュの入荷は種類も多くなく高価であること、また、日本では食後にフロマージュをいただく習慣はないことを伝えました。

子どもたちと日本に帰国した時に、近所のスーパーマーケットで見たところ、フランス産はとっても高くて、改めてびっくり。思わず、「パリでまた食べればいいからね、日本では我慢して」と言ったことを思い出します（笑）。

Chapitre 5

私の時間

赤い口紅とファンデーション

50歳になるのを、とても楽しみにしていました。「50歳になったらしてみたい」と思っていたことの一つが「赤い口紅をつける」ということ。

50歳からの赤い口紅は顔にツヤ感を与えてくれる

テレビ局を辞めてから、ファンデーションも口紅も、仕事以外でほとんどつけなくなっていました。顔立ちが派手に見られるタイプのようで、赤い口紅だと、よけいに派手な感じになってしまいそうで、避けるようになっていたのです。

以来、普段はメンソレータムとかリップバームみたいなものをつけておしまい。近づいたら、メンタムの香りがするんじゃないかと思うくらい、色気がなかったのですが、「50歳になったら赤い口紅を」というのが漠然と頭にありました。

その頃なら、いい意味で枯れてきているはずなので、昔のように派手な感じにはならないでしょうし、たとえ、そう言われたとしても気にならない自分がいるだろうから。そんなことを話していたら、東京でお仕事関係者の方々が開いてくださった、50歳のサプライズ・バースデーパーティで、プレゼントに赤い口紅をいただきました。セレクトは東京でお世話になっているヘア&メイクさん。包みには、いろいろな化粧品とともに、口紅は同じ赤でも3種類の違うタイプの赤が入っていました。

それ以来、子どものお迎えの時などにつけて行くと、「あ、ママ、かわいい！」とすごく喜んでくれますし、自分でもちょっと表情にツヤっぽさが出る気がしています。

21年ぶりのファンデーションの力

そして……。昨年末からはファンデーションも使っています。仕事以外では、なんと21年ぶり！

コロナ禍での毎日は、基礎化粧品で肌を整えたあとは、日焼け止めを塗ってテカリ防止のためのパウダーはたくだけ。目元などは何もしないという日々でした。昨春の1度目のロックダウンの際は外出もできませんでした。そのため、ノーメイクに毎日、ジーンズにセーターという格好で田舎の家で過ごしていた時期もあります。

2度目のロックダウンでは、学校の送迎や買い出しなどのための外出はできました。ただし外に出る時は必ずマスクが必要でしたので、マスクさえ着けてしまえば、下はノーメイクでも問題もなく……。

けれども、多少は出掛けられるとはいえ、制限のある生活はなかなか気持ちが明るくなれず、なんとなくやる気が出なかったり前向きになれなかったり。そこで、何か気持ちが浮き立つようなことはないかと考えて、久しぶりにファンデーションを塗ってみることにしました。朝の手入れにひと手間加えることで、自分自身が「手をかけている」という、よい意味で緊張感が出てエネルギーが湧いてきます。

使っているファンデーションは、夫が私のために作ってくれたものですが（もちろん、商品として販売されています！）、まったく、使っていなかったもの（笑）。

もしかすると、誰にも気づかれないかもしれない。でも、きちんと整えているという自己満足で、自分自身が1日元気に気持ちよく過ごせます。今では毎朝、ファンデーションを使っています。といっても、米粒くらいの量のリキッドを伸ばしているだけなので、あまり見た目に変わりはないかもしれませんが（笑）。

長年の生活習慣を少しだけ変えてみたら、気持ちも少し切り替わった気がします。

対人関係でストレスを溜めないために

いつの頃からか、人のことを嫌いだと感じることがなくなりました。そう書くと、私はとてもよい人のようですが（笑）、決してそういうことではありません。

子どもの頃はお友達の悪口を言ったこともありますし、この人、嫌だなあ〜って感じることも、もちろん、ありました。でも、ある時から、自分の中で何かが変わったのです。高校生の時ぐらいからか、それとも大学生になっていたでしょうか。

よく覚えていないのですが、ただ、社会人になった時には、確実に「そういうふう」に頭を切り替えることができるようになっていました。

嫌いな人、苦手な人にも家族がいることを思い出す

「そういうふう」とは、何か。私は自分の家族が大好きです。とっても愛しています。その私の愛する家族が、ほかの誰かから悪口を言われたり、意地悪をされたりしたな

らば、きっと私は自分がそうされるよりも辛いし、悲しい。

逆の立場で考えてみたら、もし、私が誰かのことを悪く言ったり、嫌いだという感情を持ってその人に接していることを、その人のご家族が知ったなら……。私が感じるように、ご家族はとても辛いし、悲しいだろうなと想像するようになったのです。

仕事でご一緒した方と意見が合わなかったり、嫌なことを言われたりすることは、ゼロではありません。「うわ〜頭にくる！」と、その瞬間は思いますが、その〝嫌だと思った方〟が、うれしそうに笑ったり、逆に少し困ったりと、〝素〟のいろいろな表情を見せると、その瞬間には相手に対するネガティブな感情がスッとなくなっていくのです。この人のことを思っている、ご家族の存在が頭に浮かぶのです。

その人は、誰かの大切な息子だったり、パパだったり、弟（兄）だったり。

その人は、誰かの大切な娘だったり、ママだったり、妹（姉）だったり。

出会いは誰しも、自分と相性のよい人とだけというわけにはいきません。でも、自分とはちょっと考え方が違うな、苦手だなと思う人とも上手に距離を保ちながら、仕事をしたりお付き合いをしたりしていくのは、社会というくくりの中で生きていく以上、必要なことだと思います。その中で、人の悪口を言ったり、すぐに人のことを嫌ったりするのは不毛なことですし、意味のないことだと思いました。自分自身の気持ちがネガティブになってくるだけなので。

みんな「誰かの大切な人」ということを忘れずに

パリに住むようになってからは、とくに意識をしなくても、人に対する自分の気持ちがいつも穏やかなような気がします。それはパリにいるからなのか？　日本を離れたからなのか？　わかりません……。

もしかしたら、この国では、私は「違う」「嫌だ」と思ったら、それをすぐに直接、相手に伝えているからかもしれません。自分の思いを伝えて、相手の思いもいったん受け止める。そしてお互いに歩み寄ったり、それでもダメならば少し距離を置いたり。もちろん、伝え方はよく考えながら。

「みんな誰かの大切な人」ということを忘れずにいたいと思います。でもね、もし、誰かが私の愛する家族を傷つけるようなことをしたならば、その時は絶対に許しませんよ。私を怒らせるとめちゃくちゃ怖いですよ（笑）。

子どもたちに伝えておきたいこと

長女は17歳、長男は14歳、次女は10歳です。フランス語が100%理解できなくて、時には学校に間違った内容の書類を提出してしまったり、さまざまなシステムがわかっていなくて「どうしよう〜」って慌てていたり……。たぶん、彼らが見ている〝ママ〟である私は、ほかのママたちよりも頼りなかったりするのでしょう。

でも、書類を間違えれば確認の連絡がきますし、「どうしよう〜」となれば、最近では子どもたちがそばでサポートしてくれます。もっとテキパキといろいろなことができたらいいのにとか、もっとアクティブなママだったらよかったのに、って思います。

それでも、そんな私を子どもたちは「好きすぎる〜♡♡♡」と、言ってくれます。

私は何があっても必ずそばにいるし、何も変わらない

私がずっと彼らに言い続けていることがあります。

「私にとってあなたたちは宝物で、言葉で表現できないほど深くあなたたちのことを想っている。あなたたちが、夜がくれば、自分は愛されているのだという確信を持って安心してベッドに入り、朝は、きょうもきっと楽しいことがある！　という気持ちで起きられるように。そんな些細なことの繰り返しを、私は変わらずに大切にしていきたいし、なによりも人としてあなたたちのことを尊重している。勉強やお友達のこと、それ以外にも悩んだり、苦しくなったりすることがあるかもしれないけれど、私は必ずそばにいるし何も変わらない。私があなたたちを信頼しているように、あなたたちにも私を信頼してほしい。なによりもあなたたちは愛されて、必要とされているのだから。自信を持って進んでほしい。経験からあなたたちの間違いに気づけば、その時ははっきりと伝えるし、間違えても、それは正していけばよいのだから」と。

毎日、子どもたちには数え切れないほどのキスと抱擁（上の2人は最近、人前では嫌がるようになってきましたが）をしながら、たくさんの愛の言葉をささやきます（笑）。彼らには「ママはパパにはあまりキスしないし、愛のささやきもしないのに」って笑われますが、しょうがないですよねえ、日本人ですから。できませんよねえ？（笑）。

もちろん、きちんと「ありがとう」や「ごめんなさい」が素直に言える人であってほしいですし、人の悪口を言ったり、他人と自分を比較するようなことはしてほしくない。相手を思いやり、尊重できる人であってほしいと願っています。

また、夫は姉が1人、私は妹と弟が1人ずついます。住んでいる国は違いますが、私たちは、それぞれ離れていてもきょうだいの仲がよいですし信頼し合っています。いつの日か夫と私が子どもたちのそばからいなくなる時。その時、彼らが一番安心して思いを分かち合うことができるのは、きょうだい。だからなかよくしてほしい。これは子どもたちがけんかをするたびに、夫と私が思わずつぶやいてしまう言葉でもあります。

個性がまるで違うので、けんかもしょっちゅうの3人。でも将来、誰かが困ることがあれば、必死にサポートをしてくれるはず。そうあってほしいと願っています。

ほかにもいろいろあるのですが、私は言葉で伝えるのではなく、日々の生活の中から自然と子どもたちが学ぶ状況、つまり、夫や私という私たち大人がお手本になるような姿勢を見せることが大切なのかなとも思っています。

でも、今はただただ「愛しているよ！　大好きよ！」。これが一番かな！

自分の性格について考えてみる

うわ〜、自分の性格を文章にするのは……とてもとても難しい。

でも、先日のこと、改めて自分の性格について考える機会がありました。

夫の発案で始まった家族の長所と短所討論

2020年の3月中旬からおよそ2か月間、フランスの国は完全ロックダウンされました。買い物は生活に必要なもの以外は購入できず、緊急時を除いてドクターの予約などもストップしました。

朝昼晩といつも家族5人で囲むテーブル。

ある日のことです。「みんなで、家族それぞれの長所と短所を言ってみよう！」と、夫が提案。すかさず夫は「まあ、たぶん、子どもたちは僕のことをボロクソに言うんだろなあ」って（笑）。

自分の長所や短所って、なんとなくは分かっていても、もはや、あえて考えることもないですし、一体、子どもたちからどんな話が出てくるのやら。ちょっとドキドキしていました。その結果、3人の子どもともに共通していたのは……（ここからは大自慢大会です。ご覚悟を）。

「ママは世界一のママ!! ママに欠点はない！！！」。嘘でしょう？？？

そして息子が付け加えます。「ママは僕たちのことを一所懸命やりすぎているから、もうちょっと、自分の時間を持って自分の楽しみを増やしたほうがよい。それがママの唯一の欠点」だと。まったく、マダム泣かせの息子の一言！！！！！と、本当はここでこの話を終わらせたいところですが、それでは読者の皆さまは納得なさらないと思います！ なので、真面目に考えてみることにしました。

フランス生活でも変わらない性格。進化(!?)した性格

まず、私はかなりの頑固者です。よく言えば、信念があり、揺らぐことがない。悪く言えば融通がきかない。とはいえ、この頑固さがこのフランス生活では〝吉〟となっています。とにかく、この国の人はみんな強い！ どんなことであれ、自分の考え

や意思をきちんと持っていないと翻弄され、自分自身がよくわからなくなってしまうと思います。短所と長所は表裏一体のようです。

あと、自分でよくわかっていることは、社交的ではないということ。必要な状況下ではさすがに大人ですから、笑顔で人と接することはできますが、基本的に大勢の人と関わることが得意ではないです。

これについては、フランス生活で克服すべきキャラクターであるのですが、頑固者ゆえ、20年経っているのにいまだに無理なのです。夫の友人の中には私のことを「そうとう付き合いの悪い人」とか「僕たちのこと好きじゃないのかな？」って思っている人が、少なからずいるはずです。

基本的にネガティブ思考です、言いたくなかったけれども。

だから、夫の超ポジティブ思考に対して、時にはとても疲れを感じて、夫に向けてグーの手が出そうになる（笑）。ただ、夫のバルトさんが、超がつくほどのポジティブ人間だからこそ、ある意味、夫婦としてのバランスがとれているとも思います。

不器用です。要領が悪いとも言える。だから、いろいろなことを一所懸命にやっているけれども、思うような成果が出ない。

大学生の時のことです。真面目にすべての授業に出ていて、家に戻ってきれいに書き直した私のノートは試験前に先輩や友人たちにコピーが出回りました。採点では、みんな、Aをとっているのになぜか私だけC（涙）。そんなことばかりですよ。

長所は、割と自分の感情をコントロールできること？　自分で言うのも変かもしれませんが、基本的につねに穏やかでいられます。そうあるための努力はするけれども、穏やかな性質かなと思います。

子どもたちを叱る時も、静かに叱ります。それがいいのかどうかはわかりません。でも、大声を出してしまうと、たいしたことでなくてもなんだか感情がたかぶってきますし、言わなくてよいことを勢いで言ってしまったりするかと。

あとで自己嫌悪になることが自分でよくわかっているので、そうなる前に深呼吸。頭をクリアにして、気持ちも落ち着けます。

日本の家族や友人が驚いた一番の変化

そして、フランスに住み始めて大きく変わったのは、おしゃべりになったことです。

これは家族や友人たちが証言してくれます（笑）。

日本に住んでいた頃は、人の言葉に耳を傾けていることのほうが好きで、あまり自分の意見を言うほうではありませんでした。けれども、フランスに住むようになってからは、それではこの国では認めてもらえないことがわかりました。

もしかすると、日本でしたら、控えめな女性、しとやかな女性と思ってもらえるかもしれませんが、以前の私の態度は、ここでは「何も考えていない人、自分の意見のない人」となってしまいます。そこで、自然と口数が増えていきました。

さらに、自分の意見を相手に伝えるためには、フランス語が話せなければ伝えられません。だから、生きるためにフランス語を必死で勉強しました。これには、生来の頑固者も幸いして、「このレベルまで行かなきゃ！」と、頑張れたというのもあります。

30代でフランスに来た時と違って、52歳の今から私のキャラクターが変わることはそんなにないでしょう。でもつねに穏やかに、しなやかに人と関わり、相手を尊重し、誠実で謙虚な人間でありたいとだけは、ずっと思っています。

つねに笑顔で！　を心がけながら……。

家族の中で私が感じる「孤独」

「孤独を感じますか？」と、問われたなら、「はい、感じます」と即答します。でも、私の感じている孤独とほかの人が感じる孤独は、もしかすると違うものかもしれません。じつは私は、「孤独＝寂しいもの」だとは思っていないのです。

ずっと胸に残る亡き父からの大切なメッセージ

10年以上前のこと、たまたまある女性とお話しをする機会がありました。亡くなった人の言葉を聞くことができるという、特殊な力を持った女性です。こういう話、興味のある方もいらっしゃれば苦手な方もいらっしゃると思うのですが、綴ってみます。

彼女と亡くなった私の父の話になりました。彼女の語り口は本当に父の口調そっくりでびっくり。きっと父と私しか知らないだろうという話も出てきたことにも驚きました。話の中で彼女が言いました。父からの言葉として。

「江里子が望んでフランスに暮らすのであれば、僕は心から応援するし、祝福もする。でも一つだけ心配なことがある。それは子どもたちが生まれても、家族の中で江里子だけが日本人であること。フランスで子どもたちが教育を受ければ、文化や習慣の違いの中で、江里子の意見は『ママは日本人だから、そう思うんだよね』と受け取られてしまうこと。その中で、あなたが孤独を感じてしまわないかということだけが、僕は心配なんだ」と。

父からすれば、異国の地で生きていく娘が、一番身近な家族の中で孤独を感じることがあったなら……と心配したようです。といっても、父と直接話をしたわけではないのですが(笑)。今でもこの言葉は私の中にずっとあります(父の言葉じゃないかもしれないけれど)。なぜなら、この言葉を聞いて涙が出て、なぜか納得できたから。

夫は日本が大好きですし、日本から遠く離れたフランスに住む私を本当に尊重して、感謝してくれています。子どもたちは自分たちがフランス人と日本人のミックスであることを誇りに思い、もちろん、日本のことが大好きです。

でも。それでも。やはり……違うんだなって、感じることがあります。具体例を挙げるのはとても難しい。それは会話の中にふっと現れたり、ほかのフランス人と一緒の時に垣間見えたりするものだから。

ちょっと遠くにポツンと取り残されたような気持ちになることもあります。その瞬間、「孤独」を感じるけれども、それは寂しいとか悲しいという類のものではなく、より私たちは〝個〟であって、こんなに愛している家族とでさえも、見え方や感じ方が違うんだという確認作業のようなものです。

「孤独」とは、一般的にはほかの人々との接触や関係がないことを指します。独りっきりで感じる孤独もあれば、大勢の中にいて感じる孤独もあります。

これから年齢を重ねていけば、孤独に対しての考え方が変わっていくかもしれない。悲しさや寂しさを強く感じるようになるかもしれない。子どもたちのことですることが多い、今の慌ただしい毎日から解放されて、自由な時間が増えた時には考えが変わるかもしれない。でも、「孤独は憎むべき存在ではない」と、私は思いたいのです。

夫と子育てで最初から一致している考えがあります。それは「本と音楽が好きな人であってほしい。本と音楽があれば人は独りではないから」ということ。

皆さんはどう思われますか？

大人の女性のシャンパングラス

お客さまとのディナーの前に、お招きした方と楽しむアペリティフのシャンパーニュも好きですが、1日の終わりに1人静かにいただくシャンパーニュも、その時間とともに、私にとって欠かせないもの。

そんな時に手にするのがお気に入りのマイグラスです。

思い切って購入した、ひと目惚れしたグラス

7、8年前のこと。クリニャンクールの蚤の市でアンティークの1客のグラスに目が留まりました。あまり見かけない形だったので「これ、なんですか?」と尋ねると、「シャンパングラス」という店員さんの答え。
普通、シャンパングラスというと細長い形を思い浮かべますが、それは広口のものでした。結婚式やテレビドラマで見る、「シャンパンタワー」で使うような形といえば、

わかりやすいでしょうか。

昔はこのような広口のものが主流だったそうで、飲む時に傾ける角度が小さいので、少しだけ首をそらせるくらいで飲み切れる、つまり喉をあまり見せることなくエレガントにいただけると聞いて大納得でした。

そこそこよいお値段でしたが、ひと目惚れしてしまい、大切に使おうと思い切って購入。その当初から、これが私の〝1人シャンパーニュ〟のための定番グラスになりました。

使ってみると、広口のシャンパングラスは泡が飛びやすいので、いただく時に「うっ」とくる感じが少なくなる効果があることもわかりました。それもまた、古き佳き時代の淑女たちに好まれた理由かもしれません。

人生の先輩が教えてくれた1人の時間の大切さ

人生の大先輩のマダムがいらっしゃいます。次女のタカエのマレンヌ（代母）にもなっていただいている方。彼女から、50歳の誕生日にアートのように美しい2客のシャンパングラスをいただきました。イタリアのガラス作家の作品だそうです。

「もったいなくて使えない。だいたいこういう大事なものにかぎって、私は割ってし
まうから」と言うと、「エリコ、こういうものこそ、どんどん使うべき。割れたら割
れたでいいじゃない。1回でもあなたがいい時間を過ごしたのであれば、それでもう
オーケーなのよ」と彼女。大人の女性として、1人で楽しむ時間の大切さをあらため
て教えてもらったような気がしました。

毎晩、子どもたちが寝た後、たまには起きている時にも（！）、シャンパーニュな
どを飲みながら片付けものをしたり、仕事をするのが私のリラックスタイム。要領が
悪いのか、なんだか毎日やることが多くて……。いつも頭の中がパンパンになってし
まっているのですが、静かな夜の1杯で、すーっと落ち着いていく気がします。

気持ちを整えてくれる1杯だと思っています。

ちなみに、さすがの私も1日で1本のシャンパーニュは無理（笑）。飲み残しは、
ストッパーで瓶の口を密閉して冷蔵庫で保存します。ストッパーは、キッチン用品の
お店で1300円ぐらいで売っているもの。おいしさを維持するのは大事ですよね。

「よく老いる」ための努力

2歳から6歳まで父の仕事の関係で、家族でタイのバンコクに住んでいました。日本に戻ったのは6歳、小学1年生の夏休み前のことでした。

4世代が同居する家の中で「老い」も目の当たりにして

日本に帰国して住んだ家では、母方の明治生まれの曾祖母と大正生まれの祖母と一緒の暮らしが始まりました。バンコクの家とはまったく違う木造の家で、しかもその家は戦前に建てられたもので……という何から何まで初めてづくし。ただ、「日本ではこうして大家族で暮らすのが当たり前のこと」、子ども心にそう思っていました。

曾祖母は心臓が悪く、ずっと家の中で過ごしていました。そのため、当時家族での外出は「1回だけは記憶がある」、それくらいです。

でも、色白で目の色はグレー。シルバーの髪を結い上げて、ベッドで横になっている時間も長かったのですが、それでも寝巻きである浴衣の胸もとをいつもきちんと気にかけていて、決して大口を開けて笑うことのない（私は開けちゃいます……）人。物静かで優しく、美しい。それが私の中で変わらない曾祖母のイメージです。

一方、祖母は毎日、家業である楽器を販売する会社「銀座十字屋」に出勤。スーツやワンピースを素敵に着こなして、低めのヒールを履いて朝、出掛けていきます。そして、夕方には、孫である私たちのために、会社近くのデパートの地下でチョコレートなどのお菓子をおみやげに買って帰宅していました。

この祖母からは、他人の悪口や愚痴を聞いた記憶がまったくありません。いつも穏やかで、戦争で夫を亡くしたり、自身の母（私の曾祖母）を看ながら、家業を守り続けるなど大変なことをたくさん経験しているのに、どうしてこんなにも穏やかでいられるのかしらって、いつも思っていました。

今、考えてみると、私が6歳の時なので当時の祖母は56歳！　今の私の年齢よりちょっとだけ歳上なだけです。祖母とはそれから、ずっとずっと一緒に暮らしていました。90歳を過ぎて亡くなるまで、フランスから私が帰国するのを祖母は実家で楽しみに待っていてくれました。

あらがわず、老いることを大切にしたい

人が老いていくその様子を日々の生活の中で間近に見て、感じ、時にはとまどいながら、これが人間なのだろうと思ってきました。そのせいなのか、歳を重ねていくことに対して、私自身は不思議なくらい淡々としているところがあります。

加齢や死に対して、「怖くないか？」と聞かれたら、それはやっぱり……。訪れるであろうさまざまな老いの症状に悩まされる日が来ることも想像はできます。

でも、誰もが平等に年齢を重ねていくのです。永遠の命はないのだから。だから、私は「大切に老いていきたい」と思っています。あれ？　ちょっと変な言い方かな？

ただ、あらがうつもりはないけれども、少しの努力で老いのスピードをゆっくりにしたり自分の頭や体をきちんとコントロールできるようにしたいとは思っています。94ページでご紹介した老眼鏡の話のように、老いの変化を受け入れて楽しみに変えてしまいたいのです。元気いっぱい、エネルギー溢れる実家の母も以前のような動きではなくなってきています。私も変わっていくのでしょう。だからこそ、大切に老いていきたいと、強く思っています。

フランスで考える老後の暮らし

これは……。できれば触れたくないテーマでもあります(笑)。でも、前の項目の「老いる」とセットで、触れないわけにはいかないとも思っています。

最近避けている私たち夫婦の永遠のテーマとは

「老後」のことは、誰にとっても避けて通れないテーマでありますが、日本を離れて暮らしている人にとっては、なおのこと難しい選択や決断を迫られる問題です。

今、52歳。もちろん、更年期世代であり、ほかにも「あれっ?」と、体力の変化を日々感じ、でもなんとか老いのスピードをゆるやかにしようと、朝のレモン水やキックボクシングなどの努力をしています。努力の成果がどの程度期待できるのかは、まったくわかりませんが……。

パリに住み始めて20年が過ぎました。

住み始めたばかりの頃は、「もう10年、パリにいます」なんていう方とお話をさせていただくと、「うわあ、大先輩！　すごい！　もう10年ですか？」とドキドキしましたが、今では自分がその年月を遥かに超えました。パリの街中で「子どもの時、江里子さんをテレビで観ていました！」なんていう若者と出会うこともあったりして。

まだまだ子育て真っ最中で、3人のギャングたちのことで手一杯の日々。でも、私が60歳の時に、末っ子の次女が18歳になります。フランスでは18歳から親元を離れるのが一般的なようですので、彼女も親元を離れる可能性が高く、おそらく、その時から私の老後がスタートするのでしょう。私は子どもたちに「いつまでもそばにいてくれていいのよ！」と、つねづね言っていますが（笑）。

夫は今の仕事を続けているのかしら？　何か別の仕事をスタートさせているのかしら？　今より夫婦2人の時間ができて、旅行などを楽しむのかしら？　そのためにはまずは健康でいないと。でももし、健康に問題が出てきたらどうする？　考え始めると、まだまだわからないことだらけ。

じつは、結婚当初から夫と話してきたテーマがあります。ですが、それについては、もう長いこと避けている状態です。

どこで死にたいのか。そしてお墓はどうするのか

それは「老後をどう過ごすか」ではなく、「どこで死にたいか」ということです。私にとっては老後というよりも、どこで自分の人生を終えるのかがとっても大きなテーマであり、老後というのはそのための準備期間であるような気がしています。

日本では家族は一つのお墓に入ります。父や祖母が亡くなった折に、墓石の下を見る機会がありました。墓石に刻まれたご先祖さまの名前を見て、私はいつの日かここに入るのかな？　と思ったりしました。フランスではお墓は個人ごとで、家族がともに、という考え方はありません。また、近年は火葬も増えてきていますが、基本的にはカトリック教徒の多いフランスでは土葬です。考えるものがあります。

長くフランスに住んでいた大先輩の方々が、日本へ本格的に帰国をされたと、最近よく耳にします。理由はご両親やご親族の介護などさまざま。ただ、共通するのはやはり体力が衰えてくると、どんなに言葉ができたとしても不安要素が増えて、日本に戻ることを決意されるようです。私よりも10歳ほど年下で、やはりフランス人男性と

結婚している友人とも真剣に話したことがありますが、答えは出ませんでした。

ただ、確実なのは、私の老後は孫たちの世話をさせてもらいたい！　ということ。赤ちゃんが大好きな私のことを知っている子どもたちからは、「早く子どもを産んであげる!!」って言われています（笑）。ありがたいですね〜。


体力の衰えを感じて、48歳で始めたキックボクシング。自分が目指す輝く50代、そして先に続く60、70代を動きたいように動いて人生を楽しく送るためには、体がしっかりしていないと！　という思いからです。この4年で体が変わりました。

もっと早くスタートさせていればと思うこともありましたが、逆に早くにスタートさせていたら、その時々にさまざまな理由や言い訳をして、こんなにちゃんと続けられなかったと思います。48歳でスタートさせたから、今、こうして楽しんで継続できている。60歳の時、まだ続けているかしら？

まだまだ先のようでいて、あっという間にやってきそうな老後。もしかしたら、孫そっちのけで旅行三昧かもしれません。なかなか答えは出ませんが、今は、充実した老後を送るために、まずは体づくりと貯金かな!?　とだけは感じています（笑）。

これから向かう先にあるもの

ロックダウン中でも散歩などはできるので、週末に「みんなで散歩に行こう」「買い出しに行こう」と、子どもたちをしきりに誘うのですが、「宿題が大変だから2人で行ってきて!!」とか「勉強があるし、お留守番している」と、そっけない返事（涙）。

結局、夫と2人でおしゃべりしながら散歩したり買い出しをしたり。自然に「近い将来、こうして2人だけでいる日が増えるんだね」って話をするようになりました。

目指すは「話を聞いてくれる」近所のマダム!?

子どもたちのことで毎日バタバタすることが減り、自分の時間が増えたなら、私にはやりたいことがあります。それは児童心理学の勉強です。2年ほど前、インターネットで学校を探すことまではしました。けれども、その時はそのまま先延ばしに。

自分の性格をよく知っているので、きっと勉強をしっかり頑張ることはできるだろう。ただ、それ以外のことが変わらずにできるかというと、それはできない。すると、ものすごい自己嫌悪に陥るだろう……。だから、今すぐではないけれど、数年後には、勉強をスタートさせようと考えました。そして夫にも宣言しました。

今、私は自分の子どもや孫たちだけでなく、周りにいる子どもたちのために何かできることがあれば、と考えています。

世界は小さくなりました。ＩＴを駆使すれば、時差も距離も関係なく多くの人とつながることができます。また、さまざまな分野での発表の場も目の前にはたくさんあって、これまでだったら埋もれていた才能が、たった１日で脚光を浴びることもあります。私の子ども時代とは何もかもが違っています。

子どもたちには、こう言っています。

「ママの子ども時代が今より幸せだったとは言わない。世の中は過去とは比較ができないほど変化したし、もう過去には戻ることはできないのだから。だから今が一番いい！　そう思って生きていってほしい。ただ、確実に言えるのは、世界は小さくなったけれど、あなたたちからはどんどん自由が奪われていると思う。これからもっと窮屈になっていくと思う。だから、つねに背筋を伸ばし緊張感を持っていないと。それはとても疲れることだけれど、その緊張感を失くしたら大変なことになる……。そんな時代になっているとママは思う」と。

今の子どもたちは、私たち大人が体験できなかったような楽しいことが100倍くらいあるかもしれない。でも、窮屈さも100倍になっている。脅かしているようですが、私にはそう思われます。たとえば、IT社会は確かに便利ですが、情報が無防備に流出する脅威はつねにありますし、人間関係もどこか監視的なものを感じます。

そんな中で、いかに子どもたちの成長を見守ってあげられるのか？ 疲れてしまった時には、どんなふうに抱きしめて癒してあげればいいのか？ 少しの知識があることで、それがよりうまくできるのであれば……。そう思った時に、児童心理学を学びたいと思ったのです。いつの日か、「あの近所のマダムが何だか話を聞いてくれるよ」って、頼ってもらえるようになれたなら、とてもうれしい。昭和な感じですね（笑）。

誰かのお役に立つことができるのであれば、それはこれから先の私の人生をさらに楽しく充実したものにしてくれるのではないか。そんなふうに思うのです。

中村江里子

Eriko Barthes エリコ・バルト

1969年東京生まれ。立教大学経済学部卒業後、フジテレビのアナウンサーを経て、フリー・アナウンサーとなる。2001年にシャルル・エドワード・バルト氏(化粧品会社経営)と結婚し、生活の拠点をパリに移す。現在は17歳、14歳、10歳の3人の子どもの母親でもある。パリと東京を往復しながら、テレビや雑誌、執筆などで活躍中。著書多数。2014年より刊行しているパーソナルマガジン、『セゾン・ド・エリコ(中村江里子のデイリー・スタイル)』(扶桑社)も好評を博している。現在、ブログ300万PV、インスタグラムフォロワー数10・7万人(2021年4月20日現在)。

*本書は『セゾン・ド・エリコ』(扶桑社)Vol・1~13の連載に加筆修正、新規原稿を加えてまとめました。

パリのおうち時間

変わらないこと、変わったこと。私が大切にしていること。

2021年5月25日　初版第一刷発行

著者　中村江里子

発行者　久保田榮一

発行所　株式会社扶桑社
〒105-8070 東京都港区芝浦1-1-1浜松町ビルディング
電話 03-6368-8898(編集)／電話 03-6368-8891(郵便室)
www.fusosha.co.jp

印刷・製本　株式会社加藤文明社

DTP制作　伏田光弘(F's factory)

ISBN978-4-594-08805-7